DU MÊME AUTEUR

Aux Éditions Gallimard

L'ART FRANÇAIS DE LA GUERRE, 2011, prix Goncourt 2011 (« Folio » nº 5538).

ÉLUCIDATIONS : 50 anecdotes, 2013.

LA NUIT DE WALENHAMMES, 2015.

LA CONQUÊTE DES ÎLES DE LA TERRE FERME, 2017 (« Folio » nº 6642).

FÉROCES INFIRMES, 2019 (« Folio » nº 6836).

LA BEAUTÉ DURE TOUJOURS, 2021 (« Folio » nº 7194).

Aux Éditions Albin Michel

SON VISAGE ET LE TIEN, 2014.

MÉMOIRES DANGEREUSES, 2015 (avec Benjamin Stora).

UNE VIE SIMPLE, 2017 (avec Nathalie Sarthou-Lajus).

FEMMES D'ICI, CUISINE D'AILLEURS, 2017.

Aux Éditions La joie de lire

Album illustré pour la jeunesse

LA GRAINE ET LE FRUIT, 2017 (avec Tom Tirabosco).

Aux Éditions Bayard

VERTUS DE L'IMPERFECTION, 2018.

Aux Éditions de l'Iconoclaste

DANS L'ATTENTE DE TOI, 2016.

Aux Éditions du Toucan

JOUR DE GUERRE : RELIEFS DE 1914-1918, 2014.

Suite des œuvres d'Alexis Jenni en fin de volume

NOUS
ET AUTRES CHRONIQUES

ALEXIS JENNI

NOUS

et autres chroniques

GALLIMARD

AVANT-PROPOS

Faire enfin quelque chose avec les coquillages, les jolis galets et les bois flottés

En 2019, le quotidien *La Croix* m'a proposé d'écrire chaque semaine un petit texte en dernière page, espace confié depuis des années à des écrivains, chacun ayant son jour. La consigne était large : jeter sur l'actualité un regard d'écrivain. J'acceptai. Et tous les mardis parut à cette même place ce que l'on appelle habituellement une chronique mais que je m'obstine à voir comme un petit texte, puisque je ne me sentais pas une compétence particulière pour tenir une chronique, je ne suis pas un intellectuel qui pense, ni un journaliste qui creuse son sujet, ni un éditocrate qui a un avis sur tout. Je suis un écrivain, qui écrit des textes, de grande taille et qui sont appelés romans, ou de petite taille que j'envoyais alors chaque semaine à *La Croix*.

J'ai rarement des avis tranchés sur les choses du monde, ou alors si j'en ai je ne les partage qu'oralement, au dîner ou au bar, comme chacun. Mais le monde tel qu'il va est une grève de rivière parsemée de petits événements, de petites bizarreries, de fragments dont on se dit qu'ils iront bien dans un roman. Alors on les ramasse, comme on ramassait les coquillages, les jolis galets et les bois flottés pendant des vacances à la mer ou au bord d'une rivière. Et puis ce roman on ne le fait jamais, parce que l'entreprise même du roman fait apparaître elle-même tous les éléments qui lui sont nécessaires. Alors après une discussion serrée avec les parents on rapporte de vacances une boîte trop lourde remplie de ces charmants débris qu'on a du mal à caser dans les bagages, et qui à la maison prendront la poussière et tomberont dans l'oubli.

Avoir un petit espace dans la presse quotidienne permet de faire enfin quelque chose de ces détails qui ont un instant retenu l'attention, qui ont un peu fait rêver, avant de s'évanouir. Je continue d'appeler cela petits textes puisque la langue littéraire, qui peut tout dire, préserve et développe cette brève flambée de pensées modestes et de passions éphémères, pour en faire une petite histoire qui pourra être conservée et lue.

Hokusai dessinait chaque jour ce qu'il voyait, des choses, des gens, des animaux, il en remplissait des carnets, on appelait ça *manga*, ce qui signifie paraît-il « choses de peu d'importance ». Voilà, ceci est un manga, le carnet de trois ans de vie en ce monde, et de tout ce qui m'y a éveillé l'esprit. C'est un merveilleux exercice que d'écrire chaque semaine sur un détail, à partir du moment où l'on ne se sent pas investi d'en tirer une leçon à donner sur le monde, en se contentant de simplement le désigner du doigt. On revient sur la plage, en marchant lentement, tête baissée, persuadé que de modestes trouvailles apparaîtront : en effet, et on les ramasse.

« Et ce n'est pas trop stressant de trouver un sujet chaque semaine ? — Non. Il suffit de se servir dans l'actualité, le monde regorge de détails curieux. » Et ensuite construire un petit texte qui essaye d'en montrer la douce étrangeté, la poésie, d'en conserver les sentiments qu'elles ont brusquement invoqués, joie, tristesse, indignation, rêverie, rires, eh bien, c'est là précisément un travail d'écrivain. Et comme il suffit de peu d'heures pour l'achever, cela rassure sur la possibilité de clore ce travail interminable du romancier, car pendant les deux ans que dure l'écriture d'un roman on se demande avec inquiétude si on parviendra un jour au bout.

Le grand Kamel Daoud, qui produisait une chronique chaque jour et que je tiens pour un modèle de ce genre d'écriture, disait que le roman est un match de foot, et la chronique une pratique du penalty. Comme je ne joue pas au foot, je n'utilise pas ces métaphores, mais je les comprends. De mon côté je me contente de ramasser de jolis galets au cours de la promenade, et de les rapporter dans mes poches, en rêvant de ce que j'en ferais. Au bout de trois ans, je fus remplacé, ce qui est raisonnable car il faut faire tourner les plumes avant qu'elles ne se sclérosent, les vacances avaient pris fin, et dans la voiture bourrée de trop de bagages, j'ai rapporté une boîte pleine de petites choses. Voici cette boîte.

Alexis Jenni

CHRONIQUES

Timidité

4 octobre 2019

« Bonjour à tous », dis-je ; et je m'avance de quelques pas, je suis sur la scène éclairée, sans échappatoire. C'est la première fois que j'écris en ces pages ; on va me laisser une place chaque semaine, j'avoue être un peu ému. Je dois dire quelque chose, tout le monde est attentif, et particulièrement mon grand-père, qui à cent deux ans doit être le plus vieux lecteur de *La Croix*. Il lit ce journal tous les jours depuis bien avant qu'on me confie une place où écrire, bien avant que j'écrive, et même bien avant ma naissance. Je l'aperçois dans la salle malgré les projecteurs qui m'éblouissent, je le salue d'un geste que je crois discret mais que tout le monde voit tant l'éclairage est intense. Il n'y a rien pour me cacher. Je suis heureux qu'il soit encore là pour me voir apparaître dans son quotidien habituel. Il attend mes prochains livres, et il utilise le pluriel avec une belle confiance, avec aussi un peu d'impatience parce que tout de même, l'heure tourne.

J'ai mis un smoking pour l'occasion, cela m'a semblé bien pour la scène. Je fabule à peine : j'ai mis ce week-end le premier smoking de ma vie, chemise blanche, nœud papillon, chaussures noires cirées, j'étais invité à des festivités où cela était de rigueur. Alors avant de le rendre à la boutique de location, je le garde pour présenter ma première chronique. Je ne me sens pas si mal, dedans. J'aurais pu aller aux funérailles de Chirac ainsi vêtu, mais je n'y suis pas allé. Ce n'est pas la bonne tenue ? Tant mieux alors.

Voilà une semaine que tout est accompli, Chirac est inhumé, nous avons fermé les portes de XXe siècle. C'est cela, sans doute, qui nous fascinait tous pendant ces jours de deuil : en finir enfin avec le siècle qui nous a vus naître. Parce que sinon, à y regarder de près, je ne sais pas s'il a été un si grand président que ça. Il était là, tout le temps, partout, il tenait sa place avec talent, il avait une belle présence humaine ; mais cela fait-il une envergure politique ? Il était toujours là, empathique et affectueux, parfois raide, souvent drôle, il faisait partie de la famille, du paysage, il était la France sans complexes du XXe siècle, que l'on regrette un peu en ce XXIe où l'on ne sait pas trop qui on est et où on va. Chirac, pas de problème : il savait qui il était (son ambition) et où il allait (droit devant), enfin c'est ce qu'il laissait croire par son inépuisable énergie, parce que si on regarde sa pensée et sa trajectoire dans le détail, c'était bien plus zigzagant que ça ; mais il avait le talent pour faire passer une volte-face pour une continuité.

La télévision interroge les gens : « Cinq heures d'attente, dit une dame aux Invalides, toute pimpante. Mais on ne les voit pas passer. On est en communion, c'est l'esprit Chirac. » Toutes proportions gardées, ces funérailles nationales ressemblent à celles de Johnny : tout le monde se rassemble, tout le monde est triste, c'est un peu de la France qui s'en va. La musique de Johnny ? Allons, qui se demande si la tour Eiffel est belle ? Elle est là. Johnny était là, tout le monde connaît quelques paroles de ses chansons, même moi qui ai l'air de me moquer mais qui participe à ce deuil français. Les réalisations effectives de Chirac ? On se contentera de répéter ses petites phrases bien senties, il les disait très bien, quoi qu'il en soit sorti. Et on le remerciera de nous avoir évité le bourbier irakien, d'avoir maintenu le Front national à distance, et d'avoir pris le Code de la route suffisamment au sérieux pour faire baisser le nombre de morts sur les routes. Il a aussi fait construire le musée parisien que je préfère, celui qui porte son nom. Somme toute, le bilan est modeste. Mais il y avait l'homme.

On ferme, donc ; on ferme la France en noir et blanc, la France des vaches et des villages, celle de l'apéro au pastis et de la cigarette sans complexes, la France des DS noires et des élus qui abusent un peu, des hommes qui abusent un peu, et des femmes qui suivent sans rien dire. On ferme, et ce n'est pas si mal. Mon smoking noir est parfait pour le deuil d'une France ancienne que j'ai connue et ne regrette pas, pour le deuil de ce président qui s'était emparé d'un pouvoir qu'il avait du mal à exercer. Je vais pouvoir maintenant le rendre, nous sommes définitivement au siècle présent. Je vais aller en ce siècle, tâchant d'écrire sa chronique chaque semaine. Les lumières s'éteignent. « À la semaine prochaine. »

Un art du sophisme

8 octobre 2019

Notre président, avec tout le respect que je dois à sa fonction, à laquelle il a accédé par la volonté du peuple, qui est souverain, s'exprime parfois par d'étranges sophismes. Oui, sophismes, car comment appeler autrement ces sorties sidérantes, où il explique avec l'aplomb d'un khâgneux en train de décortiquer Hegel qu'il ne peut y avoir de violences policières en France, puisque la France est un État de droit. Et toc. Ou alors : et boum ! comme explose la grenade, puisque c'est de ça qu'il s'agit, de grenades lancées dans les jambes, de balles tirées sur les visages, de jets de lacrymogène vaporisés à bout portant, de coups de matraque sur des types à terre, boum ! paf et repaf ! pshiiit ! je m'en excuse mais on en est réduits à grommeler des onomatopées inarticulées pour rappeler que la réalité existe, même si elle n'a plus de nom, même si on ne veut pas la nommer.

Mais soyons rationnel : si le langage était seul à exister en ce monde, comme une belle mathématique n'obéissant qu'à ses propres règles de non-contradiction, le raisonnement tiendrait : puisque la France est un État de droit, ce qu'on ne peut nier, c'est avéré et prouvé par de nombreux arguments, aucune violence policière n'est possible puisque l'activité de la police est assujettie au droit, comme il se doit. Et donc, coup de grâce impeccable, les deux mots étant incompatibles, il faut nécessairement que l'un des deux soit faux, et comme l'État de droit est démontré de multiples façons, il faut que ce soient les violences policières qui n'existent pas. Re boum ! dit la grenade de désencerclement. « Encore cette pétarade ? Mais qu'est-ce donc ? — Le réel insiste, monsieur le président... — Fermez donc cette fenêtre, on ne s'entend plus gouverner. »

Mais si le réel insiste à ce point, serait-ce que l'autre terme du syllogisme soit faux ? Car si l'on accepte de considérer qu'il y a en nos rues, en certaines circonstances, quelques violences policières, cela suggérerait qu'en certains lieux et certains moments, limités et temporaires bien sûr, la France ne soit plus tout à fait un État de droit... C'est vertigineux, et on comprend qu'un président, de par sa fonction, n'aime pas cette idée, et ne puisse l'admettre, c'est son boulot. Alors que c'est lui, en creux, qui en a suggéré l'idée.

Et il recommence, en décidant de bannir du langage le terme de pénibilité. « Moi j'adore pas le mot de "pénibilité", dit-il avec aplomb à Rodez, parce que ça donne le sentiment que le travail c'est pénible. » On reste sidéré. Ce n'est pas, comme le suggère la syntaxe un peu relâchée, un mot qui aurait échappé dans le feu du discours, puisqu'il avait déjà dit la même chose sous une autre forme, au cours de sa campagne présidentielle, à Dole cette fois-ci : « Je n'aime pas le terme [de pénibilité] donc je le supprimerai. Car il induit que le travail est une douleur. » Comment peut-on penser, et le dire publiquement ensuite, qu'il n'y a pas certains métiers qui soient physiquement et intrinsèquement pénibles, jusqu'à usure du corps, jusqu'à lente destruction du corps, jusqu'à l'accident du travail à haute probabilité, jusqu'à la maladie professionnelle inévitable ? Ne connaît-il pas l'existence de l'INRS et de la médecine du travail ? Peut-être n'y croit-il sincèrement pas, à la pénibilité : « Regardez, je travaille, et je ne trouve pas ça pénible. » C'est vrai que le seul risque qu'il encourt est un trouble musculo-squelettique de la main droite à force de serrer des paluches, ou bien un léger aplatissement du bout des doigts dû à un excès d'usage du Smartphone. Ou un burn out à force de courir partout pour prendre longuement la parole et tenter de colmater par son langage inépuisable toutes les fissures de ce réel qui le harcèle.

En est-on là ? De vouloir toiletter le langage pour en ôter tout ce qui fâche, et que plus rien ne choque ? De vouloir ôter de la bouche les mots qui permettraient de dire ce qui ne va pas, supprimant ainsi la possibilité d'y porter remède ? C'est sans doute la voie la plus simple, que d'agir sur le langage, parce que la réalité, tout de même, ça pèse beaucoup plus, et ça nécessite de lourdes interventions pour évoluer lentement. Et le langage, on ne peut lui ôter ça, il le maîtrise parfaitement.

On se paie de mots : jamais cette expression un peu désuète n'a été aussi pertinente que dans le discours politique contemporain. Considérer plutôt le réel, et ne considérer le langage que comme un outil, serait sans doute faire preuve d'une meilleure gouvernance.

Le pistolet de Gaston Leroux

19 octobre 2019

On raconte que Gaston Leroux, l'immortel auteur du *Fantôme de l'Opéra*, des *Rouletabille* et même de la déclaration du général Pershing en 1917 : « La Fayette, nous voilà ! », quand il avait terminé un roman, ouvrait la fenêtre de son bureau, et tirait un coup de pistolet, plusieurs même, dans sa joie d'avoir enfin fini. Alors sa femme venait le chercher, elle ouvrait la porte du bureau avec la clé qu'il lui avait confiée pour veiller à ce qu'il reste bien devant son ouvrage, et ils descendaient dans le jardin ; avec les enfants, ils prenaient tout ce qui pouvait faire du bruit dans la maison, casseroles, seaux, louches, et ils tapaient dessus en une folle sarabande, défilant dans les allées du jardin comme une fanfare municipale un peu pompette, s'époumonant dans des tubas et martelant des grosses caisses. Épuisés, en sueur, ils lâchaient tout et passaient à table. Le reste de l'après-midi était très calme.

Cette semaine j'ai fini un livre, mais je n'ai pas de pistolet. Et puis je n'ai pas non plus de jardin où défiler en tapant sur des casseroles. Si je le fais dans l'escalier de mon immeuble des années soixante, le béton résonnerait horriblement dans tous les étages, se fissurerait peut-être, et je me mettrais tous les voisins à dos. Donc je ne fais pas comme l'illustre auteur du *Fauteuil hanté*, mais le cœur y est. Il est un peu serré, le cœur, c'est un drôle de sentiment de finir un livre. On y a mis toute son âme, tout son entendement, toutes ses capacités de sentir et de connaître, pendant des mois, voire des années ; et puis on ferme. On a vécu dans un monde riche, profond, enthousiasmant, et on en sort un jour en refermant derrière soi les lourdes portes à doubles battants, elles claquent, on est dehors, dans le silence revenu. Pour *La Conquête des îles de la Terre Ferme*, j'ai vécu pendant deux ans dans l'Espagne et le Mexique du XVIe siècle. Pour *Féroces infirmes*, deux aussi, en 1960. Pour celui que je viens de finir, un an en Écosse, Californie et Alaska, de 1850 à 1900. J'y étais vraiment, la totalité de mon cerveau en est témoin.

Je me demande si romancier ce n'est pas se créer plusieurs vies que l'on choisirait, alors que l'on ne nous en a donné qu'une, comme à tout le monde. Plusieurs, ça a l'air bien, mais ça a une horrible conséquence : tout comme le livre achevé qu'on referme, on vit plusieurs morts, ce qui est troublant. Je comprends très bien le carnaval mexicain de Gaston Leroux, qui fête joyeusement sa fin avec le grand vacarme d'une fête des morts comme au Mexique, avec des squelettes, des fleurs, et des pétards dans les rues. Mais je n'ai pas de pistolet.

Me voilà mis en dehors du monde que j'avais créé, je me vois comme dans l'un de ces plans cinématographiques où un personnage sort de prison. Il est seul, il a une minuscule valise qui contient ses affaires d'avant qu'on lui a rendues, la porte de fer se referme avec un claquement qui résonne gravement, il est libre ; il est dans une rue vide, au pied du grand mur aveugle qui en occupe tout un côté et le domine de plusieurs mètres. C'est l'image de la solitude, de l'expulsion d'un jardin clos, de la fin d'un livre dont la dernière ligne vient d'être écrite, et ensuite c'est fini, on n'y retournera plus. Bon, je n'ai plus qu'à en faire un autre.

Ne faudrait-il pas plutôt vivre la vraie vie plutôt que de passer son temps à en imaginer plusieurs ? Faire de vraies choses, qui pèsent et qui durent, plutôt que de s'occuper à construire des châteaux de courants d'air dans les nuages ? Mais dans ma vraie vie, c'est ça le vrai travail que je fais : étudier, puis raconter. J'ai étudié les sciences, puis je les ai enseignées, j'ai plongé dans des profondeurs romanesques et les ai écrites, je suis allé voir des gens, partout en France, pauvres, démunis, précaires, et j'ai raconté leur histoire. Toutes proportions gardées, j'ai la même raison d'écrire que Samuel Beckett : bon qu'à ça.

Intérieurement (les cloisons de mon immeuble sont fines) je fête la fin de ce livre dans une pétarade toute virtuelle, et puis le lendemain je plonge dans le monde suivant, pour un an, deux ans, on verra, où parallèlement à ma vraie vie, celle que je ne raconte pas, s'épanouira un monde neuf et réjouissant dont je m'appliquerai chaque jour à faire le récit. Ainsi va la vie du romancier, un peu dedans, un peu dehors, et quand il a fini, il ouvre la fenêtre qui donne sur le dehors et a envie de tirer un coup de pistolet, qu'on vienne le libérer pour faire un grand bastringue dans le jardin. Mais heureusement pour mes voisins, je n'ai pas de pistolet.

La cuisine mène à tout

1er novembre 2019

Avec l'ami Boris, natif du Pas-de-Calais (ça ressemble à la chanson, mais tout est vrai), nous nous retrouvons à Toulouse pour parler de notre livre de cuisine[1]. Là où nous arrivons, pas de Ville rose, pas de Capitole, ce sont des pavillons et des immeubles de béton blanc, c'est la banlieue universelle avec comme seule caractéristique ses figures classiques, jeunes en scooter, gamins qui jouent au foot, femmes voilées tirant leur Caddie, chibanis assis sur les bancs, tous parlent avec un accent toulousain prononcé.

Le festival « Origines contrôlées » nous avait invités pour parler de la précarité alimentaire dans les quartiers populaires, qui est un problème social, sanitaire, économique, et notre livre qui parle de la cuisine des femmes des cités correspondait au sujet.

Dans la salle pleine, une table ronde rassemblait des associations, Tactikollectif, Izards Attitude, Aclefeu, Fondation Abbé Pierre. Ils prennent la parole tour à tour, le

1. Alexis Jenni, *Femmes d'ici, cuisines d'ailleurs*, Albin Michel 2017. Reportage illustré sur la cuisine des femmes des cités : quinze femmes, quinze plats, quinze histoires d'immigration.

public est attentif, tout le monde suit sauf moi, je ne comprends pas exactement de quoi il est question. On parle de *drame*, d'*événements*, de *projets* qui ne conviennent pas, on parle de *ce qui s'est passé*, de mères qui s'inquiètent d'avoir enfanté des monstres. Je m'excuse de ne rien savoir, mais... de quoi parle-t-on ? On me répond de façon pudique, il y a des larmes aux yeux, des détours qui sont respectueux et d'autres pour ne pas avoir la voix qui se brise, et puis le débat se poursuit, et morceau par morceau, complété par une consultation effrénée du Web, je reconstitue l'histoire.

Le quartier où nous sommes est en naufrage, il abrite de gros trafics, et des gamins de vingt ans se flinguent à la kalach dans les rues. Ce sont des règlements de comptes entre entreprises commerciales pour la maîtrise du marché, qui laissent sur le carreau le concurrent, mais aussi le passant, par maladresse ou par erreur, sous les yeux de tout le monde. Les services publics ferment, les commerces aussi, comme partout ailleurs, mais ici ça laisse place à l'ultralibéralisme sanglant des commerces illégaux. Les parents sont désemparés devant leurs enfants qui vivent une crise d'adolescence en manipulant des armes de guerre. Ce qui est à la fois très universel (pour la crise) et très particulier (pour les armes).

Rénovation urbaine et intervention policière n'y font rien : l'une est inutile si elle ne correspond pas à l'usage qu'ont les habitants de leur quartier, elle sert souvent à simplement vider le quartier, et l'autre l'est tout autant si elle n'est pas permanente, et les interventions de type militaire ne font que générer de la violence, sans rien résoudre sur le fond.

Je comprends alors les larmes qui semblaient affleurer dans les paroles de la représentante de l'association du quartier quand elle disait : « On ne comprend pas nos enfants qui sont tombés dans la délinquance. » Elle ne parlait pas en général mais d'elle-même, de ses amies et de ses voisines, je le dis au féminin parce qu'il s'agit de femmes qui se rassemblent pour ne pas être seules, pour parler de ce qui sinon les étoufferait.

Elle prône le *lien social* et le *vivre-ensemble*, ces notions qui font ricaner la droite décomplexée mais ici ces mots ont la même évidence que respiration ou battements de cœur : on n'a pas d'autre solution que de vivre ensemble, et le lien social, si dégradé soit-il, est la seule ressource. Le nier, s'en moquer, c'est prôner la guerre civile, ou a minima s'y résoudre. Les notions prennent sens selon les gens qui en parlent.

Il y a des gens qui vivent là, on l'oublie, à lire la presse on croit la banlieue peuplée de statistiques de chômage et de délinquance. Plutôt que des solutions globales jamais décidées, jamais appliquées, jamais adaptées, les associations demandent que l'on s'appuie sur les habitants qui ont une expertise d'usage de ces lieux. Ce sont eux, les habitants, leur capacité d'auto-organisation, qui sont les ressources des solutions de demain. Ce sont les habitants des banlieues qu'il faut soutenir pour résoudre, ou au moins contenir, les problèmes de banlieue. Utopique ? Non, ce sont les autres solutions qui sont irréalistes. Les quartiers populaires ne rêvent que de vivre dans le droit commun, alors qu'ils sont soumis à un permanent état d'exception. La démocratie participative est à terme une meilleure voie que cet état d'urgence permanent, qui ne fait qu'entretenir la violence.

Moi qui croyais venir parler cuisine, me voilà en train d'assister à la refondation de la démocratie. Tant mieux. Les périphéries fécondent la société.

L'empire de la moustache

14 novembre 2019

La première fois que je suis venu à Alger, il y avait beaucoup plus de moustaches. Les gendarmes en portaient, et aussi les policiers postés partout, et les militaires d'un certain rang, parce que sinon les militaires du contingent étaient glabres, comme partout c'étaient des gamins et ils n'avaient pas droit à ce signe d'autorité; et de toute façon ça aurait poussé en duvet, valait mieux la raser. Et la fermer.

L'Algérie de 1986, c'était une dictature socialiste brutale et approximative, fondée sur le glorieux mythe du combat émancipateur, mais qui se débattait comme elle pouvait dans une crise de liquidité. Les revenus fondaient, étaient de toute façon mal partagés, cette société décrépite ne tenait plus que par la force des moustaches.

Les gens qui nous prenaient en stop parlaient d'abondance à l'abri de leur voiture, ils rouspétaient joyeusement contre tout, la corruption, la pauvreté et l'ennui, et quand nous arrivions à un barrage de gendarmerie, ils ralentissaient, baissaient la voix, et leurs épaules s'affaissaient. Les gendarmes à moustache tapaient à la vitre, demandaient les papiers, chipotaient sur chaque ligne, donnaient des ordres en onomatopées méprisantes. En plus d'être démocratique et populaire, la république algérienne d'alors était scrogneugneu.

Et puis tout a explosé, les barbus s'en sont pris à la moustache en une guerre féroce. On s'égorgeait dans la nuit, on se mitraillait dans des embuscades, on bombardait les maquis comme au temps de la guerre de libération nationale. Je ne suis revenu qu'après.

Aujourd'hui, de moustaches il n'y en a quasi plus, seulement des jeunes gens minces et lisses, équipés d'armes de guerre, d'autres plus dodus en costume et cravate, téléphone vissé à l'oreille, des barbus en robe, un bleu au milieu du front, rayonnant de religiosité satisfaite, et des gamins à duvet avec de grosses baskets et des T-shirts de couleurs vives, comme partout. Et partout des chantiers, des immeubles en verre, une aérogare surdimensionnée avec un sol de marbre, et la plus grande mosquée d'Afrique. L'Algérie de 2019 ne souhaite rien d'autre qu'être un pays normal.

Quand nous sommes arrivés pour le salon du livre, dans la pochette habituelle contenant notre programme, les adresses, les contacts, on nous a fait signer une lettre officielle où nous garantissions de ne nous mêler de rien. Les services diplomatiques nous demandaient de ne pas traîner autour du *hirak*, de ne pas nous approcher des *mouvements* du vendredi qui remplissaient les rues d'une foule pour l'instant calme, manifestations qui avaient l'air de bien se passer, canalisées par des policiers placides, mais où on arrêtait discrètement les fortes têtes et les photographes. Nous sommes quand même tombés dessus rue Larbi Ben M'Hidi, nous n'avons pas fait exprès, nous allions à la Grande Poste, ils bloquaient la rue serrés les uns contre les autres, chantant des chants de supporters, agitant des drapeaux, montrant des pancartes en carton. *Assez ! Un seul héros, le peuple!* Les centaines de policiers antiémeute, appuyés à leurs camions blindés, accoudés à leur bouclier de Plexiglas bavardaient sans paraître tendus, la foule faite de gens très divers, beaucoup de gens âgés car c'était mardi et les étudiants avaient cours, enthousiastes et graves, soudés, emportés dans une même marche irrépressible par des chants simples et rythmés auxquels nous ne comprenions rien. Étions-nous parjures, de venir ici malgré la signature d'une lettre? Étions-nous en danger? Non, tout était normal; ou plutôt voulait tendre à l'être. Les gens ne voulaient plus ralentir, baisser la voix, baisser les épaules et répondre craintivement aux ordres brusques. « Assez. Soyons un pays normal », disaient-ils, ne soyons plus un pays riche peuplé de pauvres, ne soyons plus un pays gouverné par un muet en fauteuil roulant et des froncements de sourcils. Nous voyions devant nous l'Algérie rassemblée qui voulait sortir de ce long règne de la moustache. Parce que même si elle se cachait, elle était là, elle avait l'œil à tout, toujours. Cela était filmé, un hélicoptère en vol stationnaire coordonnait le barrage des rues, mais peu importe, tout le monde était là, joyeusement, demandait patiemment au pouvoir de cesser de le traiter comme ça, et de partir. C'était tout à la fois naïf et puissant, raisonnable et fou, incroyablement digne et courageux; et je souhaite ardemment que ce pays pour lequel j'ai tant d'affection se libère de l'empire de la moustache, sans que soit versée une goutte de sang.

Après le hirak, *la* thawra

19 novembre 2019

À sept heures du matin la radio déroule les nouvelles, imprègne de son bavardage l'ambiance rêveuse du petit déjeuner, distille des informations à demi brouillées par le craquement des biscottes, des petits pains grillés pour être exact, parce que ce matin, pas de pain, oublié hier soir, hélas. On parle du Liban par à-coups, entre les craquements des petits grillés qui résonnent dans les oreilles plus fort que la petite radio, il est question de peuple dans la rue, de manifestations qui ne s'arrêtent pas, de gouvernement qui vacille.

« C'est bien là que tu vas ?

— Oui... »

Ça craque, ça croustille, ça couvre les précisions.

« Fais attention, quand même...

— Oh, il paraît que là où on va, ce n'est pas à côté des manifestations...

— Bon... »

Je ne sais pas si j'ai été vraiment rassurant, le journal passe au sujet suivant.

Le Liban après l'Algérie ? Serait-ce que les écrivains voyagent ? Oui. Mais en train le plus souvent, pas si loin.

À Beyrouth nous y allons pour le prix Ziryab avec le livre de cuisine, toujours le même, parce que l'on doit y parler de la transmission culinaire. Avec l'ami Boris, encore lui, nous voilà à Beyrouth. Nos valises posées, nous cherchons à manger dans l'après-midi, parce que ce n'est pas pour rien que nous écrivons sur la cuisine, nous voulons tout goûter. Nous passons devant une gargote devant laquelle chauffe le *saj*, le dôme de fer où l'on cuit le pain, nous commandons un *man'ouché* chacun, tartiné de *zaatar*, mélange d'huile et de thym sauvage. C'est bon, croustillant, parfumé, c'est le goût du Liban, qui avant d'être un nœud géopolitique est une montagne au soleil couverte d'origan. Mais une télé accrochée derrière nous déverse en flux continu des images de manifestations, l'écran est divisé en trois pour montrer encore plus, on interroge les gens, tout est en arabe, tout le monde parle très vite, nous ne comprenons rien. En français, anglais, gestes, nous demandons où c'est. Nous pointons l'écran d'un doigt et puis dehors en un geste interrogatif, et le cuistot nous montre la rue avec le geste de la suivre tout droit. Même à Achrafich, les Libanais ne parlent pas tous français, et les jeunes de moins en moins. « *Choukran!* Merci », c'est le seul mot d'arabe que nous connaissons, cela sert souvent, et nous partons. Oh les touristes en goguette à la recherche de la révolution !

Il est six heures et la nuit tombe déjà, nous approchons de la place des Martyrs, il y a de plus en plus de monde, on tient boutique sur le trottoir avec des drapeaux libanais à vendre, presque tout le monde en porte et les agite, ce qui est un signe fort en ce pays divisé en confessions étanches. Sur la place, dans la nuit, il y a foule, surmontée d'un grand panneau blanc en forme de poing levé. La mosquée

Al Amine et la cathédrale Saint-Georges sont illuminées côte à côte, c'est Beyrouth la diverse. Il y a une scène, une sono, une foule serrée qui ondule. Un jeune homme hurle des slogans rythmés dans un micro, la foule répond d'un seul cri, brandit des portables allumés et des drapeaux libanais. C'est une manifestation, mais musicale, c'est enjoué et puissant, ça emporte, nous en avons la gorge serrée, les sourires sont communicatifs. Les gens sont jeunes, classe moyenne aisée sans doute, mais il y a de tout, des familles et des enfants, des personnes âgées, des femmes voilées, tous reprennent les répons en chœur. Nous demandons à un jeune homme qui a une allure d'étudiant ce qui se crie. Par bonheur il parle français, il nous dit : « Des slogans — Mais quoi ? — Euh... révolutionnez-vous, les Beyrouthins ! », et tout autour de nous ça continue, c'est joyeux, soudé, pacifique. Les militaires regardent ça avec le sourire, leur arme en bandoulière, sans équipement antiémeute, nulle agressivité nulle part. Après le *hirak* algérien, c'est la *thawra* libanaise, derniers rebonds des printemps arabes, soulèvement tranquille de peuples qui disent sans violence qu'ils ne veulent plus être gouvernés comme ça, par le renseignement militaire d'un côté, par les milices confessionnelles de l'autre. Sur la place des Martyrs, qu'est-ce qu'ils demandent ? D'être un pays normal, qui fonctionne, sans communautarisme ni corruption ; une démocratie qui rompt avec ce système féodal, clientéliste, inégalitaire ; et tout simplement le départ de la classe politique sclérosée. Ils le réclament en chantant dans la rue, tous ensemble, dans tout le Liban. Nous étions au cœur de l'enthousiasme, au cœur de l'utopie collective qui peut-être ne débouchera sur rien, mais nous en avions la chair de poule.

Soixante-dix gars dans une boîte

6 décembre 2019

Il m'a été donné de visiter un sous-marin. Pas un musée, pas un U-Boot posé sur cales, mais un vrai, qui fonctionne, un sous-marin nucléaire d'attaque (SNA) en phase d'entretien dans le port militaire de Toulon. Il y avait salon du livre, la marine tenait un stand et proposait que l'on vienne voir, et au matin, à part ceux lessivés par une soirée finie à des heures indistinctes, nous descendons un par un par l'étroite écoutille à l'intérieur de ce tube capable de plonger pendant des mois sans remonter pour respirer. Les sous-mariniers nous accueillent gentiment, ils ont l'âge de mes gosses, ils nous racontent comment ils vivent quand ils sont tous ensemble dans le noir, au fond de l'eau à guetter les bruits qui les entourent. Les bruits, c'est ce qui permet dans l'eau de savoir où on est, qui est là, et sur toutes les portes un petit panneau indique : *Ne claquez pas les portes, discrétion acoustique*. Parce qu'une porte qui claque résonne dans la coque, le son se répand dans l'eau, et le sous-marin est repéré, aussitôt vulnérable.

« Combien êtes-vous là-dedans ? — Soixante-dix. Il y a un mètre carré pour trois. » Les couchettes sont empilées serré, pas moyen de plier les genoux si on est sur le dos. « Il y a une limite de taille pour être sous-marinier ? — Non. — Ils font comment, les grands ? — Ils dorment pliés pendant les trois mois de la mission. Et puis certains vont dormir avec les torpilles, il y a un peu de place, et il fait plus frais, 27°. — Et sinon ? — Oh, 30 à 35°... Mais du côté du réacteur, c'est 50°. »

Il y a une douche pour tout le monde, soixante centimètres sur quarante. Au bout d'un moment cela doit sentir la chaussette dans le SNA. Le cuisinier fait des miracles parce que manger c'est le seul plaisir à bord, il varie les menus, fait des petits gâteaux. « On prend du poids en mission, on perd de trois à cinq kilos de masse musculaire, remplacée par du gras. On fait trois cents pas dans la journée, au lieu des dix mille recommandés. Ce qu'il faut surveiller c'est le périmètre abdominal, sinon on n'arrive plus à se croiser dans les couloirs. »

Pendant ces trois mois dans l'obscurité, il y a un faux jour : lumière jaune, une fausse nuit : lumière rouge, mais de toute façon tout le monde dort mal, tout est déréglé, la fatigue s'accumule. Les toilettes, il y en a deux pour tout le monde, l'une pour le liquide, l'autre pour le solide, chacune son réservoir qu'on vide dans la mer quand il est plein ; mais uniquement de nuit, pour ne pas se faire repérer. « Si à midi c'est rempli, on se retient. »

Au plafond de la salle des torpilles, pend un cylindre d'acier, l'issue de secours. « En cas de naufrage, nous sommes évacués un par un, mais chaque évacuation fait entrer de l'eau, il n'y aura qu'une quarantaine d'entre nous qui vont sortir, selon une liste déjà établie : l'infirmier d'abord, certains techniciens, des officiers pour sauver les documents et organiser le sauvetage, le commandant en dernier. Tous ne sortiront pas, on le sait. »

Les détails concrets s'accumulent, nous montrant que ces jeunes gens vivent comme dans une station spatiale, en plus désagréable encore, parce qu'avec plus de promiscuité. Tout pose problème, rien n'est facile, l'inconfort est absolu et le danger permanent. Ils le font quand même.

Je sors, un peu revenu du romantisme des grosses machines par cette visite qui m'ouvre une réalité triviale, et quand je respire l'air froid du port, je réalise combien c'est confiné, combien ça sent l'huile et le métal, combien c'est oppressant, mes poumons se remplissent enfin du bon froid de décembre.

De retour au salon, une jeune femme, toute blonde, vient bavarder avec moi, dans une conversation entrecoupée de sourires timides. Elle me prend un livre. « À quel nom ? — Olivier... c'est mon mari. Il est en opex. — Où ça ? — Au Mali... » J'entends clairement les points de suspension. Elle m'émeut beaucoup cette jeune femme timide qui offre *L'Art français de la guerre* à son mari parti au loin, qui fait vraiment la guerre dans les sables, par 50° à l'ombre ; s'il y en avait.

Je ne sais pas si ce qu'on leur demande de faire est une bonne chose, je ne sais pas s'ils sont utilisés à bon escient, c'est un tout autre débat où je ne suis pas obligatoirement compétent. Mais ce que je vois ce jour-là à Toulon, ce sont des jeunes gens de l'âge de mes gosses qui acceptent des conditions de vie impossibles, d'un inconfort à se rendre malade, dans un danger permanent. Mais ils le font, ils l'acceptent. Ils nous défendent.

L'effacement du corps humain

20 décembre 2019

J'ai entendu un médecin me raconter ceci, qui est très étrange, très profond, et inquiétant : le toucher humain tend à disparaître. Il avait été médecin de campagne, de cette sorte de médecins sans horaires, disponibles à tous, soignant tout, entretenant avec chacun une relation de confiance et de proximité, à force de lui avoir parlé et de l'avoir ausculté.

À la retraite, il continue d'accompagner de jeunes médecins en fin d'études ou en début de pratique, ils font des consultations ensemble, apprennent, par l'écoute et l'imitation, ce qui ne s'apprend pas dans un amphithéâtre parce que c'est rétif à toute généralisation. Les jeunes gens issus de la faculté ? Brillants, très brillants. Techniquement impeccables. Mais ils n'écoutent guère les patients, et ne pensent pas non plus à les toucher. Voire ils y répugnent un peu, à écouter et à toucher, parce que lorsqu'on le questionne sur ses bobos, le patient est soit muet, soit intarissable, rien à en tirer, perte de temps ; et quant au corps, pourquoi y mettre les mains alors qu'une machine verra très bien à travers la peau sans avoir à la toucher, verra les viscères et les os en transparence, mesurera tout ce qu'il y a à mesurer et on pourra ensuite travailler correctement : lire les chiffres, les comparer aux normes, en déduire un diagnostic et un traitement précis.

Voilà ce qui l'avait frappé, ce médecin de campagne : qu'une consultation puisse se faire sans regarder le patient, sans même s'en approcher, le praticien fixant l'écran de son ordinateur, tapant sur le clavier, posant des questions courtes élaborées par le logiciel de soins, synthétisant la réponse brève en items intégrables par l'algorithme, et parvenant ensuite à ce qu'il faut en fonction des cases cochées, préconisant éventuellement des examens complémentaires. La réplique classique du docteur : « Déshabillez-vous, je vais vous examiner », devient rare, et même un peu choquante. Une consultation peut se faire sans que le médecin ait mis la main sur le patient, pendant qu'une foule de mesures, de tests et d'examens, investigue le corps par fragments.

Quand il a commencé dans les années soixante, notre vieux médecin disposait en tout et pour tout d'un stéthoscope, d'un brassard à mesurer la tension, et d'un bloc d'ordonnances. Il recevait dans son cabinet, mettait à l'aise, bavardait un peu puis procédait à l'examen clinique, dialogue, écoute, auscultation manuelle, il savait reconnaître les sons que produit le corps, les gonflements des viscères, les inflammations. Par la simple proximité et le contact, on identifiait la plupart des symptômes. « On apprenait par la pratique dès la première année, me dit-il, alors que maintenant les étudiants ne voient un vrai patient que de plus en plus tard dans leurs études. » On fantasme sur la venue de l'intelligence artificielle mais elle est déjà là : une intelligence sans corps, qui déduit des conclusions répertoriées à partir des informations qu'on lui donne. Alors que dans cet état ancien de la médecine, c'était le corps et le langage du médecin qui soignaient le patient en le touchant et en l'écoutant.

Je sens qu'en racontant ça, il va me pleuvoir des critiques des deux côtés, ceux qui diront : « Heureusement qu'on a quand même progressé, c'est plus sûr, plus précis maintenant. » Et ceux qui diront : « Mais j'ausculte toujours, cela n'a pas du tout disparu. » Peu importe. Je n'y connais rien, j'ai simplement entendu un médecin me raconter cette tendance qu'il avait notée : la disparition du corps humain dans la relation médicale, par disparition du contact humain. Et cela me préoccupe, pas dans le seul cadre de la médecine mais partout : toucher devient une intrusion dont on se protège, alors que c'est le fondement de la conscience de soi, toucher et être touché. On parle sans arrêt du corps, mais j'ai peur que ce soit parce qu'il s'efface.

Au cours de la conversation, le vieux médecin m'a raconté un enterrement où il était allé, où tout le monde s'embrassait, se touchait, se passait la main dans le dos, tous exerçant avec tous ce contact vital nécessaire face à la mort, ce contact nécessaire pour soigner les douleurs et la souffrance : il fallait se toucher. Mais à l'entendre, j'ai peur que dans ce monde du tactile qui est le nôtre, livrés aux procédures comme nous le sommes, on n'en perde ce sens du toucher, et que l'on ne sache plus très bien quoi faire de nos corps.

Mais rien n'est jamais perdu, arrive ce soir où l'esprit s'est fait chair, faisant de nous des corps vivants, et parlants. Joyeux Noël à tous.

Apocalypse antipodale

10 janvier 2020

En Australie, pays des plages, du surf et des barbecues en short pendant le week-end, le ciel est devenu orange. On le voit de Nouvelle-Zélande, à deux mille kilomètres de là, ça envahit tout le continent, et l'air transparent de ce pays sec et ensoleillé est devenu fuligineux et toxique, irrespirable.

Un très jeune pompier épuisé, noirci de suie, les yeux brillants de larmes, vient parler aux médias après vingt heures ininterrompues de lutte, sans que le feu recule. « Les flammes sont si grandes, c'est effrayant... mais ce qui m'a le plus effrayé c'est que mon frère, ma sœur, ma mère et mon père le sont... Le pays brûle, il faut bien que quelqu'un s'en occupe... » Et un officier continue, il est furieux d'être laissé face aux flammes avec si peu d'hommes, si peu de véhicules, si peu d'eau, il parle avec un accent très australien, à la fois rustique et digne. « *It would be very nice to have some help* », conclut-il avec une réserve toute britannique : ça serait bien, ça serait chouette, ça serait sympa d'avoir un peu d'aide...

Le ciel est orange parce que la forêt brûle, cinq cents millions d'animaux rôtissent en enfer, les humains fuient par centaines de milliers, l'épaisseur de l'air, la couleur du ciel, l'odeur de brûlé ressemblent peut-être à ces jours d'il y a soixante-cinq millions d'années où la météorite tomba, provoquant incendies géants, raz-de-marée, changement climatique dont on détecte les traces, et causant la disparition des gros animaux, de tous les dinosaures.

L'Australie est un grand désert sec, sauf le Nord tropical, et le Sud-Est où vivent presque tous les habitants, qui est tempéré, montagneux et forestier, pins et eucalyptus. Cette forêt brûle. En 2019, cela a eu lieu en Amazonie, et Saõ Paulo était obscurci de fumées ; en Sibérie, et Irkoutsk était irrespirable ; en Californie, et Sacramento se couvrait de cendres ; maintenant en Australie, et Sydney, capitale balnéaire bleue et dorée prend une teinte postapocalyptique, le même genre de ciel que celui de *Blade Runner 2049*. Pour saisir quelque chose de ce qui se passe, pour tenter de le représenter, de le faire parvenir à la conscience, j'ai recours à la science-fiction, à la paléontologie, car sinon rien ne nous prépare à un tel cataclysme, sauf les images de fiction, ou les études sérieuses illustrées de « vues d'artistes » comme on dit dans les revues scientifiques. On reste stupéfait, sidéré par la fragilité du monde dans lequel nous vivons, notre seul monde, et que, jusqu'à il n'y a pas si longtemps, nous croyions solide.

Les zones forestières subissent de longues sécheresses, la répartition de l'eau change, la déforestation interrompt le cycle de l'eau, les pratiques culturales pompent, détournent, gaspillent. Il y a vingt causes entremêlées, et brusquement tout flambe. Les forêts sont des écosystèmes à maturité, elles ont atteint une certaine stabilité grâce à leur complexité. Elles se réparent, résistent aux fluctuations de l'environnement, mais jusqu'à un certain point. Quand trop de facteurs évoluent défavorablement, elles craquent ; quand trop est détruit, elles ne repoussent pas, comme la peau humaine : une petite blessure cicatrise par ce qui reste de peau intacte, mais au-delà d'une certaine étendue de brûlure, ce n'est plus possible, cela ne cicatrise pas, à moins de larges greffes. La forêt trop abîmée laissera place à un désert, à une savane, au mieux à une forêt secondaire plus maigre, plus simpliste, plus fragile, qui abritera moins d'espèces, utilisera moins de carbone, résistera moins aux prochains incendies.

Ce que l'on voit à la télévision, sous ce ciel orange de Nouvelle-Galles du Sud, c'est la peau de la Terre qui part en lambeaux, et cela risque de ne plus être réparable. À moins que l'on ne s'en occupe, directement en réparant les sols et replantant la même diversité d'arbres et de buissons, ou indirectement en jouant sur les causes diverses, le climat, la gestion de l'eau, les activités humaines. Ce qui a des résultats à plus long terme, qui sont la seule solution efficace.

Ah, tiens : la Cop25 s'est achevée. Elle se tenait à Madrid cette fois-ci, il y en a une tous les ans, si on en manque une on prendra la prochaine. Cette année, la déclaration finale conseille de « mettre l'accent sur l'urgence à augmenter l'ambition », cela sans autre précision, ni projet ni délai. Des mots. « Je vous le mets où, l'accent ? demande l'accessoiriste qui remonte de la réserve des mots creux. — Oh, posez-le là, dans le coin... » Pendant ce temps, aux antipodes, le ciel est orange.

L'art de la lueur

24 janvier 2020

Quand mes fils étaient ados, ils avaient souvent des réactions d'ados ; ce qui est assez normal, mais sur le coup ça ne laissait pas d'agacer. Et devant l'étrange dada de leurs parents qui consistait à visiter toutes les expositions de peinture à leur portée, ils faisaient front tous ensemble, un front du refus obstiné, et d'autant plus buté que la peinture présentée était contemporaine et s'éloignait de la jolie représentation par laquelle on peut reconnaître des paysages et des gens. Le sommet de ce conflit de générations fut sans doute atteint lors d'une rétrospective de Soulages, il y a une dizaine d'années. Dès l'entrée de l'expo, accueillant frontalement le visiteur, était exposé un grand monochrome. Les deux plus jeunes firent aussitôt grève, refusèrent de faire un pas de plus, et là où gentiment on avait disposé un canapé ils restèrent bras croisés, une expression de refus intraitable sur le visage. Le grand voulut bien venir, mais il se mit à côté de moi, tout près, et les yeux dans les yeux avec un air de défi il me dit : « Moi je viens. Mais explique-moi pourquoi c'est un grand peintre. »

Autour de nous, de grands panneaux noirs répétaient leur obscurité le long des murs, avec devant de petits groupes de gens immobiles qui les regardaient, et j'eus un moment de vacillement paternel. Mais comme il continuait de me regarder droit dans les yeux avec un léger sourire dont je pouvais me demander s'il souhaitait que je réussisse ou que j'échoue, je ne pouvais me taire. Alors d'un ton docte, comme si je savais, je lui dis ce qui me passait par la tête à ce moment-là, que je n'avais jamais pensé avant : « La peinture, c'est la mise en scène de la lumière. Alors ça peut passer par l'image de quelque chose, mais ce n'est pas obligé. »

Il se détendit, moi aussi, et nous allâmes vers les tableaux.

Soulages, c'est vrai que c'est noir. Au point qu'un ministre-philosophe, jamais en retard d'une déclaration fracassante, y avait vu, s'appuyant sur son érudition, une continuation de ce gag de Paul Bilhaud de 1882 : *Combat de nègres pendant la nuit.* Mais pour lui, avec Soulages, on était passé de la blague d'étudiant des Beaux-Arts à l'arnaque pure et simple. « Je ne rejette pas en bloc l'art contemporain », disait-il, mais là, on n'y voit rien. Donc ceux qui font semblant d'aimer sont des gogos, car « ces œuvres conceptuelles laissent de marbre tous ceux qui aiment encore le sens et la beauté ». On notera le *encore*, qui marque une vision du monde : tout fout le camp, sauf moi.

Ce n'est que du noir, Soulages, mais faut aller y voir. Il faut rester devant, prendre le temps. Quand on reste suffisamment longtemps devant un tableau, il commence à vivre. Il se déploie et il dit lentement ce qu'il veut dire, dans un langage très physique qui concerne la vue mais aussi le toucher, et tous les sens, celui qui perçoit l'espace, celui qui perçoit le temps, celui qui perçoit la présence. Le noir, c'est l'extinction de la lumière, on est d'accord. Mais Soulages sculpte son épaisse matière de traces et de rayures, et des reflets apparaissent, se développent, miroitent : ce sont comme des lueurs d'étoile dans la nuit interstellaire. Il fait percevoir *l'outrenoir*, comme des rayons cosmiques venant d'autres espaces. Mais cette peinture n'est pas racontable, plutôt que de la penser il vaut mieux l'expérimenter, se laisser aller à être pris dans la lumière qu'elle émet.

La peinture, même si d'aventure elle représentait quelque chose, est toujours plus qu'une image, et c'est pour ça qu'elle a survécu à l'invention de la photographie. Car pourquoi passer tant de temps, si lentement, à construire un tableau à la main ? C'est pour qu'on le regarde lentement, et que l'on voie davantage, au-delà ; en soi.

Finalement, ma définition improvisée n'allait pas si mal, la peinture occidentale (ça ne fonctionne pas pour les autres, chinoise, indienne ou iranienne) est une méditation sur la lumière, mais une lumière comme principe d'existence, comme le Verbe dans l'Évangile de Jean : « En lui était la vie, et la vie était la lumière des hommes. » De Fra Angelico à Rothko, on peut la voir ainsi, la lumière, et cette définition comprend Soulages. Je ne sais pas si mon fils en a été convaincu, mais il m'a suivi jusqu'au bout, nous avons vu tous les tableaux.

Il a cent ans maintenant, Soulages, et il présente ces jours-ci l'œuvre de toute une vie dans une grande exposition au Louvre. On peut essayer, s'exposer au rayonnement sourd qui émane de ses tableaux, et en prenant le temps, se demander ce que la lumière veut nous dire.

L'homme-tempête

14 février 2020

Pendant que j'écris ces mots une tempête souffle sur Paris, tourbillonne autour de mon immeuble, plie les arbres, fait claquer tout ce qui claque, les portes, les câbles, les stores. C'est impressionnant cette énergie furieuse qui dévale la rue en hurlant, malaxe les buissons et emporte des sacs plastique comme des montgolfières errantes jusqu'au troisième étage. Le bruit est terrible, le chat regarde tout par la fenêtre mais se garde bien de mettre le nez dehors.

Dans l'ordre du langage, Pierre Guyotat a l'effet d'une tempête. C'est de lui que je voulais parler, de cet écrivain qui vient de mourir, et en commençant d'écrire j'entendis vrombir la tempête.

C'est lui la tempête.

J'ai lu le *Tombeau pour cinq cent mille soldats* quand j'avais une vingtaine d'années, je l'avais pris au hasard à la bibliothèque municipale de Lyon, sur la foi de son titre. Je procédais ainsi, c'était mon éducation littéraire. Je n'en avais pas d'autre puisque j'apprenais les sciences. Alors je parcourais les bibliothèques et j'y piochais ce qui me semblait bien, dans les bibliothèques publiques et dans celle de mon père, compensant mon manque de guidance par une capacité à lire à toute vitesse n'importe quoi, et à trouver ainsi de merveilleux trésors.

Je me souviens d'avoir lu Guyotat lors d'un voyage en train, je me souviens du soleil sur la page, des ombres des arbres qui glissaient sur le papier au rythme des lacets que faisait le train entre les montagnes, je découvrais *Tombeau pour cinq cent mille soldats* et j'étais ébloui, plus par ce que je lisais que par le soleil. Il n'y avait pas de snobisme dans cet émerveillement puisque je ne savais rien et ne cherchais rien, c'était un émerveillement intime dans un compartiment de train, rythmé du tacatac des voies que l'on entendait encore, avant qu'on ne les soude.

Ce que je lisais était lyrique, violent, coloré, exubérant et tragique, un peu sadique et très sexué, c'était dix livres en même temps mêlés dans le même, c'était plus qu'une histoire qui se racontait, c'était la littérature qui jaillissait comme un pétrole longuement cherché, dont le jet brutal monte vers le ciel après que l'on a fait un forage, et le prospecteur se réjouit, danse sous la pluie noire en criant : « Du pétrole ! »

Il y avait dans ce livre quelque chose d'archaïque et d'essentiel, une présence hallucinatoire d'images violentes et ensoleillées, puisées à ce fond du désir d'écrire que j'avais, et dans lequel, lui, Pierre Guyotat, puisait à pleines mains. J'en lus d'autres, mais ils étaient plus obscurs, produisaient en moi moins d'images violentes ; je gardais un souvenir profond de celui-ci, qui sans doute a nourri ma propre écriture.

Par une étrange coïncidence, je recroisai son chemin au moment où je publiais enfin mon premier livre. Pour améliorer *L'Art français de la guerre* (car on ne fait pas de bon livre seul), je passais des heures au téléphone avec une correctrice que je ne vis jamais. Cela dura un mois, et pour nous délasser de mon interminable manuscrit, nous parlions parfois d'autre chose. Elle m'apprit qu'elle faisait avec Guyotat la même chose qu'avec moi. Elle corrigeait Guyotat!... J'en fus stupéfait, et honoré. Elle me raconta qu'il était charmant, et parfois en pleine discussion de la pertinence d'un mot ou de la tournure d'une phrase, il arrêtait tout, il lui demandait brusquement si elle avait de quoi noter, et il lui dictait une longue improvisation, parfaitement structurée, d'une langue tout à la fois classique et inventive, sa langue à lui, sa façon personnelle de considérer en même temps plusieurs niveaux du français, avec de multiples décalages qui faisaient mystérieusement jaillir le sens. Je me délectais d'entendre ça, cette langue puissante rejaillissait sur mon manuscrit, dans une sorte de boucle temporelle qui reliait l'homme mûr qui téléphonait à sa maison d'édition et le jeune homme dans le train découvrant la puissance de la littérature, balayée de l'ombre des arbres qui défilaient par les fenêtres. Par Guyotat j'entrais dans la littérature (même s'il y en eut d'autres) et en entrant dans ma maison d'édition je trouvais des traces de son passage avant moi.

Comme Rabelais, comme Artaud, cet homme était une tempête, il était un volcan, comme eux il était installé sur la faille d'où jaillit le basalte de la langue, cette lave brûlante qui quand elle refroidit constitue le fond des océans. Cet homme s'est éteint ce mois-ci; tout comme dans les océans, la faille s'est refermée. Elle se rouvrira un peu plus loin, pour que la littérature se poursuive, avec ses violentes intensités.

Le roman revient, il est toujours vivant

21 février 2020

Ce serait un roman, que l'on appellerait *Une embrouille de notre temps*. Ce serait un roman-fleuve, un feuilleton à péripéties et rebondissements, à la fois sordide et loufoque, social et ridicule, la comédie humaine de nos temps impulsifs et connectés.

Il y aurait un ministre assez naïf pour envoyer des vidéos de lui explicitement enthousiaste à une jeune femme explicitement d'accord, mais le temps fait son office et les relations changent, les réseaux sociaux sont par nature le lieu des trahisons. Et pourtant on dit à nos ados de ne rien laisser traîner sur le Net, mais ce ministre a un usage impulsif de son téléphone; c'est lui qui, après avoir été poursuivi par un transpalette lors d'une émeute, n'a pas trouvé mieux que de tweeter : « Nous n'avons pas été assez loin dans nos réformes, il faut être encore plus radical. » Ce qui manque pour le moins d'à-propos après cette fuite éperdue à travers les jardins du quartier des ministères.

Il y aurait une femme dont on ne sait pas grand-chose si ce n'est qu'elle parle un peu russe, belle comme il se doit dans ces cas-là, mais sûrement plus que ça.

Il y aurait un Russe avec une tête à jeter une bombe sous la calèche du tsar, un type énervé dont les Russes ne savent plus quoi faire, parce que même enfermé dans un de leurs asiles psychiatriques pénitentiaires il s'est évadé à poil en se coupant l'oreille avec un couteau de cuisine ; ils nous l'ont cédé sans rechigner. Et après l'attentat, attentat virtuel, il sort une raison d'une banalité abracadabrantesque : « Je voulais montrer que ce type qui prône la morale familiale n'est qu'un hypocrite. » Ah bon ? Mais ça n'intéresse que les Américains ce genre de choses.

Il y aurait un avocat, fils d'un producteur de cinéma et d'une psychanalyste, bercé de toutes sortes d'imaginaires, qui joue les anarchistes comme dans une petite ville russe du temps de Dostoïevski, mais c'est à Paris. Il trouvait ça très drôle, l'attentat.

Il y aurait un grand appartement au-dessus du Flore, centre de Paris, centre du monde, prêté par une jeune héritière pour réveillonner avec la jeunesse dorée, fête qui se termine à coups de couteau et de bouteilles de champagne sur la tête, et aussi une maison squattée, un repaire secret aux bords du Paris urbain.

Il y aurait une épouse dont on se demande ce qu'elle pense, un président qui ne manifeste rien mais n'en pense pas moins, ça va chauffer.

Il y aurait le chœur antique des politiques qui se scandalisent à mots choisis, de cette atteinte à notre démocratie, de cette disparition de la vie privée, de cette violence de tous contre tous que permet la diffusion massive des informations, qu'elles soient vraies ou fausses, et des Gilets jaunes, ceux aux commandes du transpalette, qui diffusent tant qu'ils peuvent. Pendant ce temps, saint Zuckerberg, autiste léger ou parfait hypocrite, assure que la connexion est bonne et qu'elle répandra le Bien sur toute la Terre, tandis que saint Assange prêche l'infinie transparence, qui effacera ce Mal qu'est le secret. On voit le résultat, depuis quelque temps.

Il y aurait Poutine dans son palais, qui rigole en russe en regardant les informations de France, et qui s'exclame, en russe toujours : « Quelle guignolade que la démocratie ! », avant d'aller faire du cheval torse nu dans la taïga.

L'affaire Griveaux est vraiment de notre temps, elle est le symptôme de tout ce qui marche de guingois et qu'on ne maîtrise plus, images, connexions, politique, on ne sait plus comment faire, on improvise en permanence, et on se prend en permanence les pieds dans le tapis.

Le nihiliste émacié, s'il est un peu fragile sur le sens de son geste, a provoqué un beau chaos avec seulement quelques images, ce qui était sans doute son seul but, malgré les savantes élucubrations à propos d'un *art politique*.

L'affaire Griveaux, c'est un *fait social total* comme le définissait Marcel Mauss dans les débuts de l'anthropologie, un acte qui peut être ponctuel, un simple rituel, mais qui mobilise d'un coup la totalité des institutions et des représentations collectives d'une société. Pour raconter vraiment cette affaire, il faudrait un roman, qui est justement la forme qui permet de représenter les faits sociaux totaux, un gros roman complexe à plusieurs étages, comme *L'Insouciance* de Karine Tuil, *Les Fonds noirs* de Camille de Villeneuve, *Dawa* de Julien Suaudeau, ou *Les Sauvages* de Sabri Louatah. Le romancier en moi hésite, il a l'impression d'entrer dans une pâtisserie où tout serait disponible. Quel gros boulot ce serait... mais quel roman !

Lost in inclusion

28 février 2020

La soirée annuelle de la grande famille du cinéma français s'est finie comme un repas de famille qui tourne mal, il y eut des portes claquées, des rires jaunes, des amitiés brisées et des haines toutes neuves. On devait choisir son camp, et de ne pas choisir était déjà choisir.

Une illustration connue du XIXe siècle montre un dîner en famille, tout le monde autour de la table, et le patriarche lève un doigt vénérable : « Surtout nous n'en parlerons pas. » L'image suivante c'est le chaos : on se cogne à coups de bouteille, on s'étrangle, on se poignarde à la fourchette : « Ils en ont parlé. » De quoi ? mais de l'affaire Dreyfus. C'était comme ça, cette soirée paillettes, mais il faut dire que l'ambiance était à la tension : la grande famille du cinéma, tuxedo noir et robe du soir, était enfermée salle Pleyel sous la protection d'athlétiques CRS, et comme dans *Le Bal des vampires* une foule brandissant des torches et des fourches assiégeait le château. « Ça change », déclara Desplechin, plein d'à-propos.

Kiberlain, tendue, ouvrit lentement l'enveloppe où se cachait le nom du meilleur film, et soulagée hurla avec un grand sourire : « *Les Misérables !* » Tant mieux. Ça s'est gâté avec la désignation du meilleur réalisateur : « Rognagnaski » ironisa Darroussin. Tout le monde y trouva à redire : celles qui partirent en claquant la porte (s'il y avait eu une porte qui claque, elles l'auraient claquée), celles qui restaient en ronchonnant, ceux et celles qui applaudirent en ricanant, parce qu'on ne va pas se laisser dicter ses choix. Dehors les villageois redoublaient de slogans fâchés, dans un beau chœur de sopranos.

Je me moque des palmes, et je n'ai jamais été passionné par Polanski, rien à voir avec l'homme, je parle des films. Mon regret est que Sciamma ait eu si peu. Son film m'a emporté, je l'ai trouvé beau, intense, sexy, et en lisant des critiques j'ai appris que c'était un film féministe et donc politique. J'avais bien remarqué qu'il n'y avait que des femmes, que les hommes ramaient ou portaient, que les femmes étaient empêchées de tout. Mais je n'avais aucune distance, je m'identifiais à la peintre, au modèle, l'universel porté par les arts de narration effaçait les assignations identitaires, et je vibrais avec elles, j'avançais avec elles sur ce long chemin qui les mène à ce qu'elles sont, oubliant qu'elles étaient des femmes, et moi un homme. Peut-on s'identifier à un personnage qui n'est pas dans sa catégorie identitaire ? Bien sûr, littérature et cinéma sont faits pour ça.

Mais de nos jours il ne suffit plus d'être gentiment cinéphile, il faut être pour, mais surtout contre. Et les positions contre, ça fuse dans tous les sens. Une descendante probable de Juifs polonais fut choquée par le mot de Foresti : « *J'accuse*, ce film sur la pédophilie des années soixante-dix... » Elle trouva que, quand même, il s'agissait de Dreyfus... Et à la vue de l'équipe des *Misérables* sur scène, belle brochette de diversité, une femme s'écria : « Et pas une seule femme ! » Dehors, de part et d'autre des CRS, deux femmes s'engueulaient, « Moi j'ai été violée trois fois, je peux dire que j'adore *J'accuse* ! — Moi aussi j'ai été violée ! Et j'accuse *J'accuse* ! » Je m'y perdais un peu. Il faut dire que je suis un vieux mâle blanc cisgenre hétéro catho, les yeux bleus de surcroît, et si je ne suis d'aucune minorité, c'est que je suis du côté des oppresseurs, qui ne voient pas le problème. Ne pas le voir, c'est ça le problème. Imparable.

Démissionnaire de l'académie Goncourt, Despentes redevient punk. Elle exprime dans une tribune une colère adolescente, assez approximative mais vivifiante, disant au moins ceci de juste : le puissant demande à l'opprimé non seulement la soumission mais en plus de ne pas faire de vagues, de rester bien poli, et même souriant. C'est que malgré sa place éminente dans le monde des lettres et son couvert chez Drouant, elle fait partie d'au moins deux catégories opprimées, on en est de naissance, cela lui donne droit à la colère. Moi non. Alors je profite d'être hors jeu pour regarder des films, pour l'effet qu'ils me font, et j'applaudis à *Papicha*, film d'une réalisatrice avec des actrices, où les hommes sont tous des sales types à différents degrés, j'applaudis parce que c'est intense et émouvant, parce que ces femmes s'émancipent par le lien, la joie et l'imagination de la violence sexiste d'un pays en guerre, je vibre avec elles, tout le monde peut le comprendre, même si on n'est pas algérien. On me dira indifférent au débat contemporain, mais pas du tout, je suis seulement un peu perdu ; et j'aime le cinéma.

Tout s'effondre dans un éternuement

12 mars 2020

En 1986, j'étais bien jeune, encore fondu de science-fiction, et j'ai été très marqué par la désintégration de la navette spatiale, soixante-treize secondes après son envol. Il faut se souvenir des années quatre-vingt et de leur ambiance *chic et moderne*, on croyait à la modernité comme dans les années cinquante mais cette fois on allait le faire, l'espace allait devenir une banlieue comme une autre, et *Alien*, film emblématique du moment, mettait en scène un cargo spatial un peu rouillé, et des astronautes qui exerçaient un métier de chauffeur routier. Dans la mission Challenger on avait embarqué une professeure qui allait donner des cours depuis l'espace. On s'installait là-haut, et comme j'avais lu beaucoup de SF j'y croyais, c'était l'avenir le plus normal qui était en train d'arriver.

Et puis cette navette, la première de la ligne régulière Terre-Espace, explosa bêtement à cause d'une fuite dans son système de propulsion. Ce vaisseau était pourtant l'un des objets les plus complexes que l'homme ait jamais produit, conçu par la plus grande concentration de matière grise jamais rassemblée, et ce qui devait être notre gloire se désagrégea au-dessus du sol à cause d'un stupide joint, cousin de ceux qu'on trouve pour dix centimes chez le quincaillier quand on a un robinet qui fuit, objet très simple, très sûr, un simple tore de silicone mais qui perdait son élasticité par temps froid, et il fit froid ce matin-là à Cap Canaveral.

C'était la revanche du grain de sable, le retour du réel qui est fait de détails concrets dans un monde que l'on croyait détaché des contingences et vaincu par l'idéal. Ce que l'on avait cru être le début de l'espace banal en fut la fin, la NASA fut mise en suspens, ne lança rien pendant trois ans, le temps de savoir pourquoi son plus bel objet s'était bêtement abîmé dans la mer en une pluie de débris brûlés.

Pourquoi je raconte ça? Parce que partout autour de moi je vois à l'œuvre la revanche du grain de sable, je vois le monde si perfectionné que nous avons construit se disloquer sous l'effet d'un tout petit objet d'un dixième de micromètre de diamètre, dix mille fois plus petit qu'un grain de sable, qui se répand partout et bloque nos activités. Pourtant c'est presque rien, un virus, c'est un presque-vivant qui entre dans les cellules vivantes, qui se reproduit à l'identique en tuant ces cellules, et qui ensuite recommence. Il faut qu'il en trouve d'autres, des cellules, et c'est nous qui les fournissons en nous approchant les uns des autres. Rien d'agressif chez lui, trop bête pour ça, sa seule qualité est une obstination aveugle.

La maladie virale est une maladie du contact humain, et le contact humain est notre nature, la source de notre prodigieuse richesse. Nous avons créé des villes qui sont des lieux d'hypercontact et donc des creusets de créativité, nous avons créé des transports en réseaux serrés qui mettent en relation de plus en plus de monde, mutualisant nos forces et notre savoir. L'interaction est le superpouvoir de l'Homme, il est aussi le mode de transport du virus. Et avant de tuer des gens, ce que la petite chose met à terre, c'est la société humaine. Tout, dans notre société merveilleusement perfectionnée, fonctionne à flux tendu, et tout est relié. C'est une prodigieuse dentelle que ce monde compétitif et globalisé que nous avons construit, et c'est très sensible aux grains de sable.

On fait tout fabriquer en Chine puisque là-bas on obéit, on ne paie pas beaucoup les gens, mais la Chine est à l'arrêt ; la pollution est en chute libre, c'est visible de l'espace, ils doivent enfin voir le ciel. Le pétrole n'est plus acheté, les cours s'effondrent, divisés par deux, l'Algérie ou l'Iran s'attendent à des émeutes. Les usines géantes de Foxconn restent fermées, Apple ne peut plus fournir d'iPhone, la Bourse s'effondre parce qu'elle est fondée sur la confiance, et que de confiance il n'y en a plus. Le sport, le tourisme et la culture partent en fumée, on reste chez soi. Et on se demande si le système de santé, violemment élagué année après année pour qu'il coûte moins, va soutenir le choc d'un afflux de malades. Tout coince, à tous les niveaux, partout, parce qu'il ne faut pas s'approcher des autres à moins d'un mètre, et qu'il ne faut pas se rassembler à plusieurs dans la même pièce.

La société de connectivité et de flux qui nous paraissait la forme sociale la plus féconde jamais élaborée se bloque d'un coup. Nous sommes immensément fragiles ; nous avons peut-être fait depuis des années des choix de fragilité.

Le printemps n'est pas annulé

19 mars 2020

Le 9-3 où je vis n'est pas le département le plus riant de France ; de notoriété nationale il est celui qui fait peur et n'attire pas, malgré les efforts du conseil départemental qui met partout l'accent sur les parcs et jardins qui parsèment cette immense conurbation. C'est annoncé dès le début : quand on franchit le périphérique vers l'extérieur, au bout du pont est planté un panneau qui annonce : « Seine-Saint-Denis. Le département », ce qui est assez mystérieux puisqu'il y en a quand même cent autres, et puis juste en dessous : « Trophée du département fleuri », ce qui vaut la peine d'être signalé puisque au premier regard on n'y penserait pas. On franchit dans un grondement de mille moteurs la tranchée large comme un canal, encombrée d'automobiles et remplie de gaz, le long de laquelle s'élèvent des tours, des barres, des bureaux et des entrepôts, parallélépipèdes de tailles diverses, plantés sans ordre ni plan, mais tous d'une nuance de gris noirci, béton d'origine et dépôts de fumées d'échappement. On se demande où l'on pourrait mettre des fleurs.

Mais il y en a, j'ai passé le premier dimanche de confinement parmi les fleurs, car comme tout le monde nous sommes allés au parc départemental pour profiter du soleil et du dernier moment avant que tout ferme, ce qui a provoqué la réprobation de notre président qui, en direct à la télévision, a froncé son œil bleu lagon pour gronder son peuple, disant que confinement c'est confinement, comment faut-il vous le dire, c'est pas pour traîner dans les parcs, les quais de Seine, du Rhône, ou tous les canaux de ville bordés de bars à bière. Le Français manque de discipline, la police veillera ; jusqu'à ce qu'elle tombe malade.

C'est vrai que dans le parc départemental on jouait au foot, on pique-niquait, on faisait méthodiquement plusieurs tours avec la poussette chargée d'un petit qui plissait les yeux au soleil. Des Pakistanais jouaient au cricket avec d'infinies négociations, ce sport énigmatique et lent où rien ne semble jamais se passer, des Africains filiformes faisaient des acrobaties avec un ballon rond, encourageant celui à l'œuvre avec des taquineries et des claquements de mains, et les seuls à porter un masque étaient un couple de vieux Chinois aux gestes lents, assis sur un banc, leur pique-nique bien rangé entre eux deux, sous les branches d'un arbre en fleur qui oscillait sous la brise.

Parce que, en ce dimanche de mars, des arbres en fleur, il y en avait partout. Ça se bousculait dans les buissons pour tout faire sortir à temps, les feuilles, les branches, les fleurs, les bourgeons se déployaient brusquement comme des airbags sous le choc thermique du printemps, les buissons explosaient de couleurs et, quand on s'en approchait, de parfums.

On était au courant pour l'interdit, mais c'était le dernier dimanche avant la peste, « Encore un instant, monsieur le bourreau », comme l'avait dit en 1793 Madame du Barry sur l'échafaud, et nous sortions tous une dernière fois, clignant les yeux sous le soleil inattendu, nous arrêtant devant chaque arbre, chaque buisson, émerveillés par tant de vitalité, devant chaque fleur pour en admirer la couleur. Sur la grande pelouse surplombante qui permet d'admirer Paris comme un paysage, plusieurs matches de foot faisaient rage en même temps, à grands cris et avec quelques bousculades. Et puis tout le monde est rentré pour ne plus sortir, mais le printemps a continué.

C'est maintenant le confinement, le vrai, le parc est fermé. La boulangerie est à cent mètres, nous n'allons pas plus loin, nous obéissons. Notre travail consiste à taper sur un clavier, alors nous ne sortons pas. Dehors c'est le printemps, le vrai, des cieux de porcelaine bleue, de lumières dorées, et heureusement notre immeuble est planté nulle part, rien ne gêne la vue et il est muni de balcons en étroites coursives qui permettent de prendre le soleil sans mettre le pied dehors.

Heureusement encore, nous surplombons un petit jardin fermé de murs. De la rue on ne voit rien, une maison moche, on passe sans rien soupçonner ; mais vu d'en haut, sous notre nez, l'enclos est rempli à craquer de trois cerisiers en fleur, trois dômes frémissants qui brillent comme un soleil de mars, un astre doux qui éclaire sans éblouir.

Alors sur notre étroit balcon nous déplions des chaises, nous ouvrons des bières, nous remplissons des bols de pistaches, et comme au Japon nous célébrons *sakura ohanami*, la contemplation des cerisiers en fleur, qui ne durent pas mais rien ne dure, et pour cela même ils demandent à être longuement contemplés.

Au repos dans une chambre

26 mars 2020

Un collègue écrivain, et néanmoins ami, se trouve avoir un métier que l'on ne peut ni téléporter ni exercer en temps d'épidémie (je n'en dirai pas plus). On le renvoya donc chez lui pour un mois. « Chic, dit-il en tournant la clé qui refermait la porte sur lui : j'ai un balcon qui donne sur le mont Blanc, et un mois pour écrire. »

Je comprends.

Alors moi, pareil ? Hélas non.

Une autre anecdote : une connaissance, ni collègue ni amie, revint du Sahara où elle était montée jusqu'à l'ermitage du Père de Foucauld. « Et là on fait face aux pics du Hoggar, c'est sublime. Là tu pourrais écrire, ça t'inspirerait. »

Je comprends. Mais non.

Une autre écrivaine, Leïla Slimani, que l'on peut nommer puisqu'elle s'expose, publie son journal de confinement dans sa maison de campagne, avec vigne vierge sur les murs, dépendances à colombages, pommiers. C'est Marie-Antoinette qui élève ses moutons à petits rubans au Trianon. Mais elle « n'arrive pas à penser ni à écrire », elle ne parvient pas à se concentrer. Elle en fait le résultat d'une sidération, du coup de poing de la terrible situation, même si le camélia a fleuri sur le mur qui lui fait face.

Je comprends. Un peu. Pas pour les mêmes raisons.

Comment se fait-il que je ne me reconnaisse dans aucune de ces situations ? C'est qu'écrire est une tâche par principe impossible, tout en nous y résiste, notre âme refuse par tous les moyens d'être dévoilée, sans que notre conscience en soit mise au courant. Alors on ruse, avec sa conscience, avec son corps, avec son inconscient, pour écrire quand même, pour parcourir le chemin en travers duquel nous mettons nous-même tant d'obstacles.

Il n'y a que dans la perte de concentration de Leïla Slimani que je me reconnaisse, même s'il y a malentendu quant à la cause : elle l'attribue à son empathie mondiale, je l'attribue modestement à mon agitation, que ma chambre ne sait pas contenir.

J'ai tout, pourtant : une chambre, un bureau, du calme ; pas de paysage sublime par la fenêtre pour me distraire. Et là je m'agite, mon attention est une mouche enfermée qui zonzonne, vole partout sans rien toucher, ne se pose nulle part plus de vingt secondes, impossible à attraper. Je ne commence pas. Les heures passées en chambre sont passées à me battre contre moi-même pour écrire, pas à écrire.

C'est que j'écris dans les cafés, d'habitude. Au matin je sors de chez moi, je marche dans la rue jusqu'à mon lieu de travail, je m'installe dans la salle commune, et entouré du brouhaha de la présence humaine, avec une extraordinaire concentration, je travaille sans interruption. Je relève la tête, je regarde distraitement qui est là, qui passe, et je reviens à ma tâche sans que jamais rien ne m'en distraie, ni l'agitation des autres, ni la mienne, qui sans doute se compensent et créent à elles deux le calme intérieur qui me permet d'écrire.

Alors, quand les cafés ont été déclarés superflus à la marche de la nation et fermés, je me suis confiné dans ma chambre si calme, si bien installée, et je ne fais rien. Mon attention volette çà et là, je mets des jours à lire ce qui m'aurait pris trois heures, j'écris par fragments quelques pages que j'aurais remplies d'un trait, je me lève pour observer par la fenêtre ce que je n'avais jamais détaillé.

Je suis au chômage technique. Le seul écrivain peut-être qui le soit, parce que je n'écris pas confiné dans ma chambre mais dans ce grand dehors plein de bruits qui m'est maintenant interdit.

Devant la fenêtre, regardant les pigeons comme le chat, je patiente.

Le monde sans contact

3 avril 2020

Oh, comme j'aimerais penser à autre chose ! Mais je ne peux pas, mon horizon, ce sont les murs, la presse, les réseaux, tous les médias ne parlent que de ça, et si je sors, je remplis le formulaire de déplacement dérogatoire. Sur la carte, j'ai tracé le cercle de un kilomètre de diamètre autour de mon domicile, et je vais chercher le pain en changeant de rue selon les jours, en empruntant les moins fréquentées pour éviter les gens, et surtout éviter les regards gênés que nous prenons tous quand nous nous éloignons d'un pas en nous croisant sur le trottoir. Certains ont l'air féroces, et tentent de foudroyer celui qui les gêne, d'autres ont l'air embarrassés de contrevenir ainsi à l'humanité en craignant d'approcher son prochain, et ébauchent un timide sourire de connivence, d'autres encore arborent une expression de totale indifférence, comme si les autres n'existaient pas, comme s'ils n'étaient pas là, se retranchant en eux-mêmes pour ne pas tomber dans un sentiment ou dans l'autre. Je tâche de ne pas faire de statistiques pour évaluer le pourcentage de chacune de ces catégories, j'ai peur que le résultat ne m'afflige, et je passe dans d'autres rues où il n'y a personne, c'est de l'évitement mais aussi une façon de varier mes trajets dans le si petit cercle où le déplacement est autorisé. Je n'approche pas, je n'approche rien. Dans une de ces rues désertes, je me suis arrêté devant un papier scotché sur la grille qui délimitait une petite cour cimentée devant un vieil immeuble, et sur la porte de l'immeuble il y avait le même papier scotché, format A4, papier fin quadrillé 5 × 5, arraché d'un bloc Rhodia. En grosses lettres remplies au Stabilo vert et rose : *Merci à celles et ceux qui ramassent nos ordures. On pense à vous !* Dans la petite cour étaient rangées les quatre poubelles de l'immeuble. Je n'avais jamais vu ça : deux papiers aux couleurs joyeuses qui remercient les éboueurs. Et même, qui s'adressent aux éboueurs, ces gens que l'on ne voit que lorsqu'ils bloquent la rue avec leur camion qui pue, et aussitôt le camion dépassé, on les oublie. Partout on les voit, maintenant, et partout on les regarde, ceux qui en ce moment assurent, caissières, policiers, livreurs. On voit davantage de vigiles, noirs comme il se doit, qui régulent les accès aux magasins, font respecter les distances, appellent quelqu'un à entrer quand quelqu'un d'autre sort. Je suis entré dans une supérette que j'ai crue un instant fermée, un panneau sur la porte indiquait que la direction prenait soin de ses vendeurs et ne les exposait pas à la contagion : ils évitaient de les faire travailler le dimanche. Mais c'était ouvert, j'entrai. Il y avait là deux vigiles très jeunes, un homme et une femme. L'homme portait un masque de chirurgien, de ceux qui ne protègent pas très bien, et d'un geste élégant dont on sentait tout le sérieux, il arrosait les poignées des chariots avec un pulvérisateur de ménage. La femme ne portait pas de masque, elle allait dans les rayons et chantait en une langue que je ne reconnus pas. Nous étions peu de clients, errant, nous gênant, nous contournant à distance sans nous regarder entre les rayons en désordre, à moitié vides pour certains. On se servait et on allait à l'une des trois caisses automatiques qui pouvaient d'elles-mêmes peser, scanner les codes-barres, additionner pour qu'on paye par carte sans parler à personne. Au bout de deux articles la machine planta, elle clignotait bêtement sans plus vouloir avancer ni reculer. Le jeune vigile vint me dépanner, tapota quelques boutons, me suggéra des instructions avec un fort accent africain que je ne comprenais pas bien. Je me suis dit qu'il n'était pas en France depuis très longtemps, et que si l'on engageait de jeunes migrants pour qu'ils travaillent à l'extérieur en temps de pandémie, et qu'on utilisait des machines pour remplacer les gens, ça sentait la panique et la casse sociale. La machine planta encore, et encore, malgré nos efforts. Alors, je laissai mes articles, je repartis penaud avec le citron et la boîte d'anchois que la machine avait bien voulu m'accorder. Bien fait pour moi, ça m'apprendra de vouloir faire des courses le dimanche et de vouloir me passer de l'opérateur humain.

Automatisé, le monde marche moins bien. La crise laisse apparaître la grande armée des invisibles qui le font tourner, et que l'on avait jusque-là négligés. On les voit à leur poste, visibles parmi les autres comme moi qui se glissent rapidement en dehors de chez eux en essayant de ne croiser personne. Quand tout sera fini, j'espère qu'on les verra encore, et que l'on saura enfin juger de leur utilité sociale.

La vie selon les GAFA

24 avril 2020

Nous autres, confinés, vivons la vie rêvée par les GAFA. Cet acronyme désigne les quatre entreprises qui ont pris un terrible ascendant sur nos vies. Google, Apple, Facebook, Amazon. Elles sont géantes, omniprésentes, richissimes, et chacune d'elles est liée à un seul homme, Brin, Jobs, Zuckerberg, Bezos. Ce qui est terrifiant, c'est que ces entreprises ont une vision ; ce qui est doublement terrifiant, c'est qu'elles ont une éthique, l'une et l'autre portées par leurs fondateurs qui en sont les infatigables porte-parole. Elles nous construisent un avenir qu'elles ont inventé, et qu'elles trouvent très aimable. « Ne faites pas le mal », dit ingénument Google, sans préciser quelle est sa conception du mal, ni son moyen d'aller vers le bien, sauf si on prend les services que la plate-forme propose comme une réponse à la question. Effrayant, dis-je.

Laissons Amazon, ce n'est que de la piraterie, mais examinons Facebook. Entendre Zuckerberg parler des valeurs de Facebook est assez stupéfiant. Il se contente de répéter : « Se connecter, c'est bien ; quand tous seront connectés, le mal disparaîtra. » Je suis toujours surpris et troublé de cette naïveté, et me demande si cet homme est un commercial cynique, un naïf qui a la vision du monde et l'intelligence émotionnelle d'un gamin de douze ans, ou si c'est un clone muni d'une intelligence artificielle, brillant tacticien mais très éloigné de l'humain.

Mais grâce à l'épidémie, nous y voilà enfin dans le monde rêvé par les GAFA : un monde d'individus éparpillés, dont le seul collectif est familial, dont toute l'activité, dans tous les domaines, se fait à distance, par connexion. Restez chez vous ! Apple vous offrira ses machines, Google vous trouvera toutes les informations nécessaires, Facebook vous permettra de garder le contact avec vos amis, Amazon vous apportera tout objet matériel impossible à télécharger. Restez chez vous, on s'occupe de tout ! Et tellement bien que vous pourrez rester chez vous tout le temps, toute la vie. Pourquoi s'embêter à sortir, à se risquer dans les rues encombrées, à supporter les lenteurs et les rigidités des relations réelles, à perdre le temps dans les transports alors que tout, absolument tout, peut être délocalisé et dématérialisé. On n'est pas bien, comme ça ?

Avouons-le, on est mieux en confinement avec cette quincaillerie que sans, parce que sans téléphone et sans Internet, ce serait bien pire qu'avec, ce serait un isolement radical, monacal, carcéral, et on n'est pas tous faits pour ça. Mais face à un virus qui attaque notre humanité en détruisant le lien physique, nous avons recours à des solutions techniques qui atteignent notre humanité en tordant la forme des liens. Vivre enfermé, relié au monde et aux autres à travers des écrans de verre, c'est une vie de *machine intelligente*, c'est-à-dire stupide. Dans la vie rêvée par les GAFA, il y a un devenir-autiste, un enfermement, une dématérialisation, une décorporisation, que l'on trouve plaisants au départ puisque ça évite les désagréments de la confrontation réelle, mais qui nous épuisent à moyen terme car nous ne sommes plus nourris par celle-ci. Nous avons beau avoir une intelligence très développée, nous avons gardé ce corps de grands singes qui a besoin de toucher, qui a besoin du groupe, de la horde, besoin d'être ensemble et de se regarder les uns les autres en sentant la bonne odeur humaine, qui rassure plus que celle d'un ordinateur qui chauffe.

Comment faire de l'enseignement sans présence réelle ? Un professeur en collège difficile de la banlieue nord m'a rapporté que les deux tiers de ses élèves ne répondent plus à l'enseignement à distance qui a été mis en place, on ne sait pas où ils sont. Bon, ils n'étaient pas très attentifs en classe, mais ils venaient, ils avaient l'occasion de saisir quelque chose, d'évoluer. Là, non. On peut tout apprendre sur Internet, si on est déjà équipé, entouré, formé, privilège des classes aisées.

Comment prendre soin sans présence réelle ? Comment rendre grâce et célébrer sans présence réelle ? Comment aimer sans présence réelle ? Grâce aux GAFA, enfermés que nous sommes, nous pouvons toujours vivre, nous pouvons toujours faire semblant de vivre, nous pouvons assurer le quotidien en attendant, mais sans nourrir notre humanité. C'est bien là la vie rêvée par les GAFA, cet idéal de cyborg rationnel, d'intelligence artificielle et d'objets connectés, où ce qui fait l'humanité profonde n'est même pas compris. Nous vivons en ce moment la sombre utopie de la vallée du Silicone, qui au début paraît pas si mal, et à la fin nous tue.

Mais ça me gratouille quand même un peu...

1er mai 2020

La maladie qui rôde nous a révélé un fait anthropologique mineur, qui surprend par le fait qu'il soit resté caché, car jusque-là nous n'y voyions qu'un hasard, du bruit, dit-on en termes de théorie de l'information : nous nous touchons le visage. Nous nous en sommes aperçus parce qu'on nous a dit, dans le cadre des précautions à prendre : ne vous touchez pas le visage ! Facile, avons-nous pensé. Nous tenir à distance allait être un peu plus compliqué, ou même penser à nous laver les mains. Mais là, ne pas se toucher le visage, pas de problème. On n'a pas tant de raisons de se le toucher, pas tant d'occasions. Alors celle-là de recommandation, on va la suivre sans même y penser. Tu parles, c'était la pire.

La démangeaison venait très vite, j'y voyais un symptôme d'attaque virale. C'était radical : au moment de sortir, dès qu'un pied avait franchi le seuil, une petite démangeaison apparaissait au coin du nez. Je maîtrisais ma main, et la démangeaison devenait de plus en plus nette. Dans la rue, un courant d'air et c'était le bout du nez qui était aussitôt parcouru d'une horde de fourmis. Puis c'était le coin de l'œil qui aurait eu bien besoin d'un doigt secourable puisqu'il était traversé d'une cascade de sable. Je serrais les poings au plus profond de mes poches, essayant de penser à autre chose ; ça empirait.

J'ai cru à la responsabilité des cheveux, puisque je n'avais pas anticipé la fermeture des coiffeurs, et ils continuaient de pousser. C'est ça ! Je suis sûr que c'est ça ! Les cheveux qui poussent, qui s'agitent aux courants d'air, ils me chatouillent et j'ai envie de me gratter. Si je cède, c'est l'infection, mes cheveux vont me tuer, c'est eux ou moi. Alors nous avons opéré, avec des ciseaux à ongles et une tondeuse à barbe, ça a pris une demi-journée. Patiemment assis dans la salle de bains, je voyais les mèches tomber une à une, mais ça ne se faisait pas dans le joyeux babil de la coiffeuse, plutôt dans une suite d'exclamations inquiètes : Mais ça coince ! Aïe ! Zut ! J'ai trop coupé ! Attention à l'oreille ! On y est arrivés, ça allait mieux, mais à la première sortie la démangeaison me sauta à la figure, au coin de la bouche cette fois. Mais qu'est-ce que c'est ? Le virus me guette dans l'escalier ? Il me saute dessus dès que je franchis la porte ? Le virus flottant repère le non-immunisé ? Ils sentent ça de loin, et ça tombe sur moi ? L'œil me gratte ! Non, pas l'œil ! L'enfer, cette recommandation ! Se laver les mains, c'est plus simple. Me moucher du coude aussi, d'autant plus que je ne tousse pas. Mais que faire avec ce maudit visage ?

Et puis j'ai appris quelque chose dans la presse : se toucher le visage est un fait anthropologique. On trouve ça chez les grands singes, on a même mesuré qu'ils utilisent davantage la main gauche pour se toucher le côté gauche, celui qui est gouverné par l'hémisphère droit du cerveau là où se gèrent l'espace et l'émotion. On trouve ça chez le fœtus, et d'autant plus que leur mère est stressée. Ça alors ! Il y aurait donc quelque chose que nous faisons sans nous en rendre compte ? On a fait des études pour être sûr, et c'est exact : on se touche le visage environ vingt fois par heure, toutes les trois minutes, et pour la moitié ce sont des contacts avec nez, œil, bouche, les muqueuses, les portes d'entrée du virus. Ça alors ! redis-je. Et à quoi cela servirait-il ? Semble-t-il à traiter des émotions qui se manifestent par de petites crispations de notre visage si mobile, que l'on évacue d'un geste, d'un contact comme une réassurance, comme si nous époussetions sur notre visage des petites émotions qui nous traversent et qui sinon nous crisperaient totalement. Et bien sûr ça gratte en fonction du stress, de la densité d'émotions qui nous parcourent. Ça alors ! conclus-je. Et cela nous le faisions sans le savoir.

Je me souviens de toutes les fois dans le monde d'avant où j'avais les mains prises, le nez ou l'œil me grattaient aussitôt, je n'y prêtais pas attention. Mais je savais que le simple fait d'avoir les mains prises me les rendait aussitôt indispensables. Voilà un fait anthropologique : nous nous touchons le visage. L'OMS demande aux gens d'arrêter, ils ne peuvent pas. Trump tweete avoir cessé, mais ça lui manque. On propose de s'occuper les mains avec une balle antistress, mais de la laver régulièrement, on ne s'en sort pas. Mais de savoir, ça va mieux. Je franchis ma porte serein, la démangeaison n'arrive plus tout de suite, je la sens venir puis disparaître. J'aurais pu garder mes cheveux, tiens.

La récolte des fleurs

15 mai 2020

Oh ! Assez de Covid ! Ce monde n'existe-t-il donc plus en dehors de la maladie qui le ravage ? J'aimerais tant parler d'autre chose... Mais voilà, on ne parle plus que de ça, et tout ce qu'on fait est conditionné par ça. Je n'ai pas compté mais il me semble que dans les journaux que je lis 80 % de l'actualité est consacrée aux effets de la pandémie, et aux interminables supputations quant à l'avenir qui nous reste. Dans la télé aussi, d'ailleurs je ne la regarde plus. Parce qu'au moins dans le journal on peut sauter d'un article à l'autre, chercher des diversions, à la télé non, elle suit son cours inexorable, on est coincé.

Le premier jour d'après, nous avons vu des gens, nous avons parlé de visu pour la première fois depuis deux mois, c'était étrange de renouer avec la gratuité d'une rencontre. Nous les connaissions bien, nous savions les précautions qu'ils avaient prises durant ces semaines, mais pas de bises, un seul par canapé, cercle large, nous avons quand même bu un verre et nous nous sommes passé les pistaches bras tendu. Là aussi c'est du risque ? Prenons-le. « Le taux individuel de mortalité n'a pas changé depuis 200 000 ans, dit André Comte-Sponville, assez remonté contre les angoisses sécuritaires, il est toujours de 1 sur 1 : malgré la médecine et mille précautions, on meurt. » Et puis se voir réellement est précieux, plus précieux que l'inquiétude, ça change de WhatsApp qui est une belle invention, mais boire une bière en compagnie de timbres-poste animés, c'est un peu étrange, c'est limité, la bouteille ne tient même pas dans la partie d'écran consacrée à chacun.

Malgré le reflux de la maladie, malgré l'assouplissement des mesures de confinement, j'ai croisé des gens inquiets, voire angoissés, qui n'envisageaient toujours pas de sortir plus d'une fois par semaine, qui ne voulaient plus s'approcher des autres, qui se méfiaient de tout et prenaient des précautions de bloc opératoire pour laver leurs mains et ne rien toucher. Ils comptent continuer comme ça longtemps, ils n'ont pas confiance.

Je me demande si à la fin ce n'est pas le virus qui a eu notre peau. « Toucher des gens, ça m'effraie désormais », ai-je entendu, et ce qui m'effraie c'est que l'on prononce cette phrase. Le virus nous déteste tellement qu'il attaque ce qui nous est le plus cher. Déjà le sida avait fait des ravages dans les relations humaines, mais pour l'attraper il fallait s'approcher de très près, avoir des contacts intimes qui en général n'ont pas lieu à notre insu, les contaminations accidentelles furent rares, mais pour le Covid s'embrasser suffit, même se toucher malencontreusement, et même parler. S'il suffisait d'un peu de puritanisme ou de précautions pour se protéger d'une maladie sexuellement transmissible, voilà une maladie relationnellement transmissible dont on ne se protège qu'en reniant notre humanité, par la distance, par la méfiance, par la rupture de tout lien physique. La peur circule parmi nous, elle est toxique. Mais nous allons dépérir si la peur nous empêche ainsi de nous approcher les uns des autres ! Périr ou dépérir, il faudra choisir.

Voilà... je ne voulais pas et j'ai encore parlé du virus, de la peur insidieuse qu'il laisse en nous, de cette liberté après le confinement qui est encore le confinement, et de l'insidieux fléau qui porte atteinte à notre joie d'être ensemble.

Déconfinés, nous sommes allés voir pépé, isolé depuis deux mois dans sa maison isolée dans un hameau isolé, ça faisait beaucoup d'isolement. Comme il aime la cuisine sauvage, nous sommes allés dans la forêt de clafoutiers chercher des fleurs, les oiseaux menaient une assourdissante sarabande, pas de pause pour eux, c'est le mois de mai, il leur faut un partenaire. Guidés par l'odeur, nous les avons trouvés facilement, ces clafoutiers couverts de fleurs. Quel est cet arbre ? Des acacias, dont nous avons cueilli tout un panier d'inflorescences, de belles grappes dodues et sucrées qui sont un appel vibrant à tous les pollinisateurs des environs. Nous en avons rempli un plat de grès à hauts bords d'une couche épaisse, avons versé la pâte à clafoutis, mis au four. Oh comme c'était bon, le clafoutis de fleurs d'acacia ramassées dans les bois, oh comme c'était doucement parfumé, la chair des fleurs craquant sous la dent, nous incorporions le printemps, enfin.

N'est-ce pas très futile de finir par le dessert ? Oui, c'est futile et délicat, mais c'est exactement ce dont nous avons besoin en ce moment parce que le virus y a porté atteinte, nous avons faim de futilité et de bonheur, à déguster ensemble.

Y a-t-il un cluster à la cave ?

22 mai 2020

J'ouvre la porte du cellier, et derrière c'est la *batcave*, le repaire gothique de Batman, l'homme chauve-souris. Au-dessus du gros frigo où l'on stocke les réserves, un groupe serré de petits chiroptères sont pendus à l'envers, des chauves-souris pas plus grosses qu'un mulot, drapées dans la cape de cuir de leurs ailes, croisant les bras dans une posture de méchants de comédie. J'avais allumé avant d'entrer, on n'est jamais trop prudent avec les caves, on ne se débarrasse pas de certaines craintes d'enfant, et elles redressent la tête, me regardent de leurs petits yeux comme deux gouttes d'encre, elles me voient à l'envers sans doute, moi aussi, nos mondes ne correspondent pas bien. Dans le cellier, le plafond de planches et les poutres sont de bois brut, en y passant la main on se la hérisserait d'échardes, et avec les griffes minuscules de leurs pattes elles s'accrochent aux fibres du bois, ça tient, leur poids est infime. Je reste figé sur le seuil.

Une par une elles se détachent et s'envolent, elles s'éloignent vers l'arrière plus obscur de la maison d'un vol chaloupé qui ne fait aucun bruit. Elles ondulent sur l'air, elles ne se cognent jamais à rien, contournant tous les obstacles aperçus avec leur sonar, elles ne sont pas très rapides mais capables de virages serrés. Oh, comme les oiseaux sont bruyants et maladroits en comparaison ! Quand par mégarde un oiseau entre dans une pièce close, il s'affole, bat des ailes à grand bruit, se cogne à tout jusqu'à s'assommer. Tout ce qui est fermé est trop petit pour un oiseau, ils sont faits pour le plein ciel ; les chauves-souris voleraient dans une boîte à chaussures sans heurter les bords, elles maîtrisent parfaitement l'espace.

Je referme soigneusement la porte, l'avoir ouverte sur ces petits animaux qui me regardent m'a fait penser à cette scène des *Oiseaux* de Hitchcock, où Tippi Hedren ouvre la porte du grenier de la maison où elle se croit en sûreté et une foule d'oiseaux perchés sur les meubles et les poutres la regardent de leurs petits yeux fixes. Elle ferme soigneusement la porte.

« Il y a des chauves-souris dans le cellier, dis-je, en ne rapportant pas le beurre.

— C'est dangereux ? »

Je reprends mes esprits quand on parle de sciences naturelles.

« Elles ne se prennent jamais dans les cheveux, elles savent très précisément où elles vont.

— Mais pour le virus ? »

Je n'y avais pas pensé. C'est d'une grotte pleine de chauves-souris qu'est partie la grande peste de 2020. Quelle grotte ? On ne sait pas, en Chine du Sud les falaises calcaires sont riches en grottes isolées, et dans chacune, des chauves-souris, des serpents, des scolopendres, toute une faune bigleuse qui rampe dans le noir, qui s'entre-dévore, urine, défèque, partage virus et bactéries, c'est le vivant tel qu'il est, toujours un peu crapoteux. Depuis quinze ans, Shi Zhengli, spécialiste des coronavirus à l'institut de virologie de Wuhan, étudie ces microcosmes souterrains, et alerte régulièrement les congrès internationaux : cachées dans ces forêts accidentées, ce sont des bombes bactériologiques qui exploseront d'un moment à l'autre, quand une chauve-souris contaminera un homme.

Tian Junhua, technicien d'un laboratoire de virologie, explore ces grottes depuis des années dans une fragile combinaison étanche; au risque d'être contaminé il attrape les chauves-souris et prélève sang, salive, urine. « Je ne suis pas médecin, mais je contribue à sauver des vies, je n'ai pas d'armes mais je suis un soldat qui se bat pour l'humanité, il n'y a pas d'odeur de poudre mais c'est un champ de bataille », dit-il dans un style épique très chinois. Dans les congélateurs de Wuhan, il y a de quoi déclencher mille épidémies, mais rien ne s'en est échappé. Le virus a suivi la voie naturelle, favorisé par le développement économique : l'exploitation des zones vierges met en présence hommes et animaux, la mondialisation économique met en contact la planète entière, pour un virus c'est une autoroute; il se répand comme prévu.

Les virus mutent, passent d'une espèce à l'autre, les zoonoses continueront d'apparaître. Didier Sicard, dans un article de la revue *Études*, explique que c'est précisément ça qu'il faut étudier d'urgence : ces lieux de contacts entre hommes et animaux sauvages, un travail de sciences naturelles que la biologie contemporaine, trop abstraite, rechigne à faire.

Pour le beurre j'y retourne, mais elles sont parties, elles détestent être dérangées. Celles-ci vivent depuis des siècles au côté des humains. Je vais quand même nettoyer par terre, par acquit de conscience.

La confiance, sentiment disparu

11 juin 2020

« Les gens font n'importe quoi, dit-elle en s'habillant avec soin. Tu as vu dans la rue ? Et qu'on se balade sans masque, et qu'on marche à plusieurs, et qu'on bavarde face à face sur le trottoir... n'importe quoi. »

Elle fixa son masque, j'entendais moins bien.

« Et puis ces joggeurs qui soufflent comme des phoques, qui te balancent des nuages des gouttelettes à travers lesquelles les gens marchent sans se méfier. »

Elle posa ses lunettes de soleil par-dessus le masque.

« Les gens font n'importe quoi, ça me met en colère, j'ai envie de les gifler. Ils mettent tout le monde en danger. »

Et sous mes yeux ébahis elle ajouta une visière transparente par-dessus, un *face shield* comme on dit en anglais, un bouclier de visage. Elle ajusta le tout devant la glace, masque, lunettes et visière, c'était la femme invisible.

« Je pourrais braquer une banque comme ça, rigola-t-elle.

— Et si tu ajoutes un hidjab, tu passes la douane saoudienne tranquille », ajoutais-je.

Cela ne la fit pas sourire, enfin je ne sais pas, le masque cachait la bouche et les lunettes les yeux, aucune expression n'était détectable. Elle sortit. Elle avait renoncé aux gants depuis qu'elle avait lu les précautions à prendre pour les enlever après usage, c'était trop compliqué, elle allait mains dans les poches. Voici donc la figure humaine de ces temps troublés : la momie volontaire, qui arpente la rue à pas hésitants parce qu'elle ne voit pas très bien avec son équipement, et d'elle on ne voit rien car elle protège tout.

Je n'ai pas inventé cet équipement loufoque, je n'ai pas inventé cette femme méfiante, qui par ailleurs est tout à fait raisonnable, diplômée, cultivée, elle offre toutes les garanties de rationalité, mais la pandémie génère une angoisse profonde, elle touche en nous quelque chose de bien plus archaïque que la conscience. Dans les obscurités abyssales errent des poissons lumineux brandissant des lanternes qui sont des appâts : ce sont les angoisses, qui dévorent tout ce qui est vivant.

Il y a une pandémie, je ne le nie pas, qui se répand par un virus très contagieux, je ne le nie pas davantage, mais prendre des précautions de bloc opératoire pour marcher dans la rue ne protège pas plus que de prendre des précautions raisonnables. Mais des profondeurs inquiètes jaillissent cette idée de vivre masqué et une grande agressivité à l'égard de tous les autres. Quelque chose d'humain bascule, la méfiance devient le sentiment principal.

Chez le boulanger, une plaque de Plexiglas isole la vendeuse. On encourage à ne plus échanger d'argent, à payer *sans contact*, et sinon à mettre ces ignobles pièces infectées dans la machine qui rendra d'elle-même la monnaie, sans que personne n'y ait mis le doigt. Et le pain, on le donnera avec une main gantée de plastique. Ça fait un moment que sont apparues ces machines à jouer à la marchande, et cet usage de mettre un gant médical pour tendre du pain à quelqu'un. On y verra une précaution d'hygiène, on sait que les bactéries grouillent sur la peau, alors on ne touche pas la nourriture. Comme s'il n'était pas normal que les bactéries soient partout, comme si notre peau n'était pas le meilleur des scaphandres, comme si notre système immunitaire n'était pas là pour veiller aux débordements.

Ces manies sont apparues il y a quelques années, et la pandémie en accélère la diffusion. Dès le début cela me procura un malaise, que j'éprouve toujours. Depuis des siècles le boulanger donnait du pain de la main à la main, et ça ne choquait personne. Ça me vexe que l'on y mette un gant. Si le boulanger me tend le pain de sa main nue c'est qu'il a les mains propres, c'est qu'il estime que je peux manger quelque chose qu'il a touché, et si je l'accepte, c'est que je lui fais confiance, j'accepte le don qu'il me fait. C'est un peu comme de se serrer la main : quelqu'un qui se la désinfecterait ou enfilerait un gant avant de le faire briserait la confiance qui s'établit par ce geste, ça équivaudrait à un refus, à une gifle.

Ah... c'est ce qu'on fait maintenant? On ne se serre plus la main? Plus personne n'a confiance en rien alors... ça me chagrine. Et la dame avec masque et visière, lunettes noires pour cacher ce qui reste, mains dans les poches, elle serait donc dans l'air du temps et moi pas du tout? Ça va être drôle, la rue pleine de fantômes dont on ne saura rien, ni l'identité ni l'expression. Ce sera la fin du monde de l'urbanité, ce fragile équilibre qui permet à beaucoup de gens qui ne se connaissent pas de vivre côte à côte, grâce à des usages et des gestes qui régulièrement redonnent confiance.

Le lavabo comme refuge

25 juin 2020

C'est l'été, le soleil brille à nouveau, la température monte, et mon chat est retourné faire la sieste dans le lavabo. Bien niché dans la coupelle blanche, il est au frais, et quand j'entre et allume la lumière, mon lavabo bouge et deux yeux jaunes me regardent au ras de la porcelaine. Ça surprend toujours, mais on s'y fait, et je comprends que la canicule arrive selon ses choix de lieu de sieste.

J'ai appris qu'à Verkhoïansk en Sibérie, au nord du cercle polaire, on avait enregistré 38°, la plus haute température depuis que l'on a apporté un thermomètre en ces contrées lointaines, et à Miami, grâce à la brise de mer, cette température on ne l'atteint que rarement. Mais ne vous précipitez pas pour vous installer en Sibérie en profitant du bas prix des terrains, l'hiver il peut faire −60°. Et l'été ne se vit que dans un gros vrombissement de moustiques, et une fonte du pergélisol qui transforme le sol en éponge molle, et les bâtiments soviétiques, que l'on avait construits sur pilotis forés dans la glace, basculent. C'est un climat rude, il faut être cosaque, ou iakoute.

Dans cette boue le méthane dégèle, s'évapore, active l'effet de serre encore mieux que le dioxyde de carbone. Le méthane, c'est du gaz de digestion relâché sous forme de vents par les ruminants, sous forme de bulles dans les marécages ou les rizières, là où la vase fermente sous une couche d'eau, à l'abri de l'oxygène. Ces bulles sont gelées depuis des millénaires dans le sol de Sibérie et maintenant elles s'échappent. Le réchauffement active un mécanisme de réchauffement, on appelle ça une boucle de rétroaction positive, on n'est pas sortis de l'auberge. N'y voyons pas une malveillance de l'ogre russe : au Canada, c'est pareil, et au Groenland aussi. Le climat! Avec le virus, on l'avait oublié celui-là.

Pas mon chat, lui veille, et dès le début de l'été il prend ses quartiers dans le lavabo de la salle de bains, comme les ultra-riches qui achètent des terrains en Patagonie ou dans l'île du Sud de Nouvelle-Zélande, à l'écart, y entassant armes et provisions. Pour les deux derniers termes, je ne sais pas si on en est sûr, mais pour l'achat et la construction, on sait. Ceux qui sont aux commandes de notre système économique débridé ont aussi les moyens de se préserver de ses conséquences. Pourquoi changeraient-ils? Pourquoi renonceraient-ils au merveilleux niveau de vie que leur assure notre industrie dévastatrice? Après eux le déluge. On se demande souvent pourquoi « les États ne font rien », après tant de manifestations citoyennes « pour le climat ». Les pauvres pouvoirs élus ne sont pas vraiment aux commandes. Et ceux qui le sont n'ont de comptes à rendre à personne, et trouvent que tout va bien, le PIB augmente et les dividendes sont distribués. Je me demande si on n'est pas un peu coincés.

Une solution pour effacer le problème, c'est d'être climatosceptique, nier tout en bloc, le lien entre activité humaine et changement écologique majeur ; une autre est de faire peur avec les ayatollahs verts, faire peur avec une dictature écologique qui interdirait de prendre sa voiture, obligerait à manger du tofu et à marcher en Birkenstock. Les deux sont du théâtre, un exercice de mauvaise foi, et l'étonnant c'est que ça marche, tant le cynisme est puissant, et le besoin d'être rassuré est fort.

« Mais qu'est-ce que tu proposes ? me demande-t-on alors d'un ton ironique.

— Moi ? Rien. Je suis le type qui écrit des livres, ça ne veut pas dire que je sais tout sur tout. Je ne suis pas président jupitérien.

— Tu ne peux pas te contenter de critiquer de ta tour d'ivoire sans rien proposer.

— Alors ce que je propose, c'est qu'on écoute ceux qui proposent.

— Qui ?

— Gaël Giraud par exemple. Normalien et polytechnicien, spécialiste de la finance, par ailleurs jésuite, que l'on ne peut soupçonner d'amateurisme dans le domaine économique. Or c'est justement l'économique qui est le problème.

— Et que dit-il ?

— C'est lui qu'il faut écouter, pas moi. Lisez-le. »

C'est vrai ça, je ne suis pas un éditocrate qui prétend tout savoir sur tout : je me contente de raconter. Il y a des gens qui pensent, d'autres qui racontent, et ce que ceux-ci peuvent faire de mieux c'est d'en appeler à écouter ceux-là. J'ai simplement vu mon chat reprendre ses quartiers d'été, et je me suis dit que j'allais encore bien transpirer, hélas sans recours car ne tenant pas moi-même dans le lavabo, qui de toute façon est déjà occupé par un animal sensible qui sent venir la saison chaude, comme les chiens qui aboient avant les tremblements de terre.

Un canard un peu dingo

29 septembre 2020

À chaque séjour dans cette campagne d'où je viens, je retourne avec curiosité observer la basse-cour qui cancane derrière chez pépé. C'est le voisin qui l'a installée, ce n'est pas son métier, plutôt son dada, il est dans le bâtiment mais a une passion pour la volaille, il en achète ici ou là, des variétés rares, derrière le grillage c'est une cour des miracles, oies, canard, dindon, au moins trente coqs et poules, et des lapins qui passent à toute vitesse, les oreilles basses.

L'oie, il l'avait prévue pour Noël, mais bien que chasseur à l'automne il a le cœur tendre le reste de l'année et il a des principes : on ne mange pas les animaux que l'on connaît. L'oie survécut aux fêtes, il en acheta une autre pour qu'elle ne s'ennuie pas, maintenant elles sont deux et inséparables.

C'est mieux d'être deux, les autres sont solitaires ou en bandes, l'enclos n'est pas très sûr. La terre y est à nu, dévastée d'être labourée par ces bêtes à griffes et à bec qui tournent en rond, il n'y a rien à y faire, rien à manger, mais elles tournent encore, donnent des coups de bec, sur le sol, sur le moindre débris, et finalement les unes sur les autres.

Il règne dans cet enclos grillagé une ambiance ultra violente de prison américaine telle qu'on la voit au cinéma.

Les coqs règnent, ils chantent dès cinq heures, se défient, se répondent, personne ne cède, j'ai dû changer de chambre. Le jour ils agressent les poules, qui tâchent de ne pas s'approcher d'eux, et beaucoup d'entre elles ont le dos pelé à force de prendre des coups de bec pendant l'exercice du droit de cuissage. Cette année, le dindon a disparu. Il se faisait sans cesse agresser. Il avançait lentement, la tête redressée et le jabot gonflé, déployant la couronne de plumes de sa croupe. Il émettait de majestueux glouglous, brusquement interrompus puisqu'on le picorait par-derrière, dans l'angle mort de sa roue de plumes. Vu de devant, il marchait dignement, drapé dans sa robe noire comme un magistrat de Daumier, mais vu de derrière il était en sale état, le croupion sanglant et sûrement douloureux. Je ne sais pas s'il a été mis à l'écart pour le sauver, s'il a succombé à ses blessures ou bien a fini rôti.

Les oies, personne ne les embête, personne ne les approche. Côte à côte, le cou vertical et le bec relevé, elles sont deux grenadiers prussiens devant la porte de Sanssouci, et le premier coq qui passe prend un coup de bec, violemment lancé d'une projection de leur cou, qu'elles ont fort long.

Le seul qu'elles tolèrent auprès d'elles, c'est le canard, un mâle colvert unique de son espèce dans cet enfer carcéral. Il les suit partout, ne s'éloignant jamais, et si on l'observe bien, on se rend compte qu'il se comporte comme une oie. Il n'a pas l'anatomie qu'il faut, mais il fait de son mieux. Quand elles marchent, c'est au pas de l'oie, lançant leurs pattes très haut vers l'avant, et au moindre de leur déplacement le canard les suit, s'efforçant à la même allure martiale, lui d'une espèce qui spontanément se dandine à petits pas, et qui de toute façon préfère nager.

Quand elles menacent de leur long cou étiré, il étire le sien, le résultat n'est pas très impressionnant mais on sent l'intention. Et quand elles sifflent, de cette espèce de froissement colérique qui fit la réputation des oies du Capitole, il siffle aussi, avec sa petite poitrine, son petit bec de canard, ce n'est pas très puissant mais très synchrone avec ses deux compagnes, et les autres fuient.

C'est très étrange, à la fois drôle et inquiétant, de voir cet animal acculturé, adopté par les mastards de la basse-cour, et qui s'efforce de mordre, de marcher, de crier de la même façon, malgré un tout petit corps qui n'a jamais été fait pour ça. Personne n'embête le canard dans cette basse-cour infernale, petite silhouette boulotte entre les deux grenadiers de faction, les coqs filent doux et lui se prend pour un autre. Il s'efforce d'être autre chose qu'il n'est, il s'efforce de survivre à l'abri de son fragile déguisement, et il y parvient, personne ne semble remarquer la supercherie. Je ne savais pas que c'était possible d'être autre chose que ce qu'on est de naissance quand on est un animal, je n'imaginais pas qu'on avait une latitude dans ses choix de comportement. Mais c'est darwinien : il change, se cache, imite, il fait les bonnes alliances et il survit, peu importe sa canardité, seul le pragmatisme compte. C'est vraiment du cinéma, ce qui se déroule derrière chez pépé, un film de prison américain avec tous les poncifs du genre.

Poker général

9 octobre 2020

Je l'ai déjà écrit quelque part, mais comme c'est vrai je peux le répéter : il y a dans l'œuvre de Borges une nouvelle pour toutes les situations de la vie. Et là, je pense à *La Loterie de Babylone*, où est décrit ce monde étrange où tout est déterminé par des tirages au hasard. « J'appartiens à un pays vertigineux, où la loterie est une part essentielle du réel », dit le narrateur dont le destin est erratique, change de direction à chaque coup du sort, faisant de lui un proconsul ou un esclave selon les caprices de la chance. Je me souviens de ma stupéfaction quand adolescent j'ai lu cette nouvelle : « Ce n'est pas possible, un monde ainsi gouverné par le hasard ! me disais-je. Et le mérite, le travail, le choix ! » La nouvelle continue, et le hasard s'infiltre partout, dans toute action même la plus infime, au point qu'il n'est même plus visible, que des hasards contradictoires s'équilibrent, et la vie continue comme si tout allait de soi.

J'ai eu la même stupéfaction quand est apparue cette notion si puissante de post-vérité, appliquée au politique. C'est Donald Trump qui en a inauguré la pratique, mais Boris Johnson et Nigel Farage en étaient experts, Jair Bolsonaro la pratique comme Monsieur Jourdain la prose, et Philippe de Villiers ou Éric Zemmour en sont des exemples locaux : on lance des affirmations totalement contrefactuelles, qui agitent violemment les médias et les réseaux sociaux, et étrangement l'auteur ne s'effondre pas de honte de n'avoir pas dit le vrai.

C'est que la post-vérité, ce n'est pas le mensonge, qui continue d'être rejeté, c'est le n'importe quoi, le *bullshit* comme on dit en Amérique, je ne traduis pas parce que ça ne sent pas très bon. Et il y a dorénavant dans l'espace public une *bullshit strategy*, qui étrangement fonctionne. Et le vrai, l'exact, le pensé ? Ce n'est plus le problème. Ce qui compte, c'est cliver et que ça réponde, c'est tenir un propos spectaculaire que tout le monde reprendra, et pendant que ceux qui croient au vrai s'en moquent, s'en scandalisent et argumentent avec une rationalité méthodique mais lente, l'auteur continuera son chemin, il sera déjà ailleurs, il gouvernera dans l'ombre : son opposition empêtrée dans l'idiotie s'épuisera à discuter de ses *bullshit* et lui évitera toute discussion sur le fond.

C'est effarant que le n'importe quoi puisse être un mode de gouvernement, mais ça marche, Trump en donne l'exemple, sa première campagne, quatre ans de pouvoir, et la campagne présente : il n'arrête pas de publier des tweets de sale gosse de treize ans, parfaitement ignare et au vocabulaire limité. Ce n'est pas que l'homme soit stupide, loin de là, très loin de là, mais il est stratège selon d'autres règles que celles qui d'habitude régentent le champ politique : il joue selon celles du poker.

Car si la Babylone de Borges était gouvernée par les règles de la loterie, l'Amérique de Trump l'est par le poker, ce jeu étrange, quasiment sans contenu, aux règles simples que l'on apprend en quelques minutes. Les cartes que l'on a reçues ne sont qu'un élément du jeu, et pas le plus important, sauf coup de chance qui met d'un coup quatre as dans la main (attention, pas cinq, sinon ce sont le goudron et les plumes). Au poker, on joue face à face, c'est un jeu de postures viriles, on ne montre rien, on fait croire, on s'affronte psychisme contre psychisme, et celui qui craque s'effondre, il a perdu, quelles qu'aient été ses cartes.

Trump n'a de cesse de détruire toutes les institutions, toutes les règles, tout ce qui met un peu de rationalité et de stabilité dans une société, car il veut gouverner directement, sans filtre, sans corps intermédiaires, au bluff, par sa seule présence imposante. Le vrai, l'intelligent, le subtil n'ont aucun rôle, il bluffe par des tweets, aboie, accuse, et quand l'adversaire effaré a enfin compris ce qui avait été dit, auquel il ne s'attendait pas tant c'est n'importe quoi, tant c'est quand même gonflé de lâcher ça, il est déjà loin, il commence une nouvelle manche, avec de nouvelles cartes et de nouveaux bluffs, et son électorat adore ce qui passe pour du franc-parler. On s'épuise à les suivre, les experts en post-vérité, ce sont eux qui décident de quoi on parle, et leur opposition se vide de toute substance, de toute son énergie consacrée à rien du tout, jusqu'à en oublier ses propres idées.

Nous assistons à quelque chose de très neuf dans les modes de gouvernement, de très toxique pour le principe même de la démocratie rationnelle, et pour la planète entière il est à espérer que cet homme-là ne soit pas reconduit au sommet de la première puissance mondiale.

Je suis atteint

16 octobre 2020

On ne rendra jamais assez hommage à l'excellence de notre système scolaire, qui offre des formations de haut niveau largement distribuées. En mars, nous étions soixante-six millions à passer avec succès notre diplôme de virologie épidémiologique, mention infectiologie, qui nous permettait d'être pour ou contre Didier Raoult avec le plus bel aplomb. Et ce week-end, nouvelle session, cette fois diplôme de politologie passé haut la main, qui permet d'avoir un avis définitif sur le djihadisme et sa gestion, sur les faiblesses de l'État et l'aveuglement de ceux qui ne voient pas. La formule est absurde ? On n'est pas à ça près. Par contre, impasse sur l'examen de vocabulaire et sémiologie, mais le coefficient est faible, tout le monde s'en moque. Les réactions à l'assassinat de vendredi sont assez pauvres de ce point de vue, avec empilement de mots violents pour faire vigoureux, on y croise les mêmes *barbarie*, *fanatisme*, *lâche*, *ignoble*, *nausée*, *effroyable*, et puis le désolant *pas de mots*... J'aurais l'air de quoi en déclarant n'avoir pas de mots devant l'événement ? C'est mon métier d'en avoir.

Quand j'ai appris la nouvelle vendredi soir, ça m'a

atteint. Et dans les brumes du réveil j'y pensais encore avec un malaise persistant : cela m'atteignait, intimement.

Attaque de l'institution, de la transmission, de la liberté d'expression, en effet, mais tout ça c'est abstrait, il y a de quoi s'en indigner mais c'est après réflexion. Je crois que ce qui me travaillait jusqu'au fond de mon sommeil, c'est le surgissement de l'ultraviolence dans l'ultrabanal. Une sortie de collège un vendredi soir dans une petite ville de banlieue pavillonnaire, où l'événement majeur, dit un policier local, c'est quand un sanglier de la forêt du Vexin voisin vient saccager les plates-bandes du centre-ville : la France de maintenant, banale. Et là, ce vendredi un peu gris d'octobre, où les gamins sortent de la classe en disant l'un après l'autre : « Bonnes vacances, m'sieur », un type décapite au couteau un jeune prof au visage doux qui prenait très au sérieux cette matière d'EMC, l'enseignement moral et civique, qui vise à développer des qualités de réflexion, de prise de conscience et de débat ; l'esprit démocratique, quoi.

Tout est ultrabanal, un cours, et puis une rumeur, un microscandale sur les réseaux sociaux, des parents d'élèves qui racontent l'histoire de façon tendancieuse... et ensuite la mort. Alors que d'habitude on s'engueule un peu et ça se tasse, ou bien on prend contact, on discute et on concilie : l'esprit démocratique.

Respectueux, le professeur prévenait les élèves musulmans que des images pouvaient choquer, ils pouvaient fermer les yeux ou sortir s'ils voulaient. Une des caricatures montrait le prophète nu. Le récit qui en a été fait par des parents d'élèves transformait l'événement qui avait lieu chaque année en scandale : « Il a demandé aux élèves musulmans de se désigner et les a sortis de la classe, et puis il a montré un homme nu et a dit : voilà le prophète de l'islam. »

Ceci sur une vidéo qui cavala sur les réseaux sociaux, ce lieu malsain où tout se multiplie, où l'indignation est un délice que l'on partage, où l'imbécile a le même poids que le sage, où un mouvement d'humeur devient une affaire sérieuse. La mort a surgi là où on ne l'attendait pas, la mort possible est maintenant là parmi nous, tapie derrière l'Abribus, le pot de fleurs, la voiture garée le long du trottoir. Le terrorisme joue son rôle : terroriser, semer la terreur, décomposer le lien social, désarticuler la société qui craque selon ses failles.

Que faire ? Je ne sais pas, j'ai raté mon examen de politiste, de criminologiste et d'islamologue. Mais plutôt que d'en appeler à une « fermeté », dont on ne sait pas exactement le contenu et les moyens, si ce n'est, caché tout au fond, le désir d'expulsion massive d'une partie de nos concitoyens vers on ne sait où, accepter que l'on cherche et que l'on comprenne pour mieux lutter. Puisque le djihadisme se transmet par la persuasion, connaître les réseaux, connaître les gens, car ce qui nous protège le mieux, ce ne sont pas les militaires dans la rue, mais les services de renseignement aux aguets. Et puis nous avons besoin de l'islam, d'un islam de France infusé de rationalité et de valeurs républicaines, qui puisse lutter contre le djihadisme en offrant une voie qui ne soit pas l'excitation d'une mythologie sanglante. Rien de rapide, mais le problème est profond, toute solution rapide ne sera qu'un pauvre pansement, posé à la hâte sous l'effet de la panique qui nous gagne.

Rien ne nous sera épargné

6 novembre 2020

Pendant ce temps, dans la *France de l'intérieur*, les troubles suivaient leur cours, il n'y a pas de raison que dans cette crise globale elle ne soit pas miroir du monde. L'expression vient d'Alsace, la première fois que je l'ai entendue elle m'a un peu surpris, je me suis dit que la ligne bleue des Vosges n'était pas tout à fait recousue. Mais ce n'était que le pendant de la *France de l'extérieur*, dénomination officielle des provinces perdues annexées par l'Allemagne.

Je veux par là désigner ce que l'on appelait *province*, ce qui ne se dit plus, remplacé par *région*, terme administratif tout à fait neutre, et par là de peu de sens, remplacé maintenant par *territoire*, moins administratif mais très abstrait, trop géographique, même si la proximité avec le mot de *terroir* devrait lui donner un délicieux parfum de sous-bois, de plats mijotés et de saucisson sec. On ne sait pas trop comment l'appeler, la France essentielle, la France majoritaire, tout cet immense pays qui s'étend au-delà du périphérique parisien.

J'y étais avant que l'on ne reconfine, je suis rentré par le dernier convoi avec le chat, pour qu'il quitte les buissons pleins de mulots délicieux, et qu'il reprenne sa place de veilleur sur le balcon. Quand je suis en Rhône-Alpes, je lis *Le Progrès*. Je sais, le nom a changé, il faut adjoindre Auvergne à cette région qui m'a vu grandir, mais l'Auvergne c'est bien exotique, je l'ai apprise dans les livres. Par contre, Rhône c'est le fil brillant entre les arbres que je vois en contrebas quand je suis sous le tilleul, et Alpes, c'est la dentelure d'émail blanc qui se détache sur le ciel par beau temps, au-dessus de la haie qui enclôt les vaches, par-delà l'aura lumineuse du lac du Bourget, derrière les Bauges ; ça je le vois, alors j'en reste là.

Et dans *Le Progrès*, le journal qui disait que si c'est vrai c'est dans ses pages, je tombe sur une double page alarmiste, miroir un peu déformé du monde et de ses crises, mais on reconnaît bien. D'un côté, ça se passe à Nantua. Nantua ? La petite ville au bord du lac de Nantua, dans la Cluse de Nantua, lieu de naissance de la sauce Nantua, excellente avec les quenelles. Ça n'avance à rien ? Nantua est là, c'est tout. Et dans la nuit la gendarmerie a été attaquée au mortier de feu d'artifice. La brigade sort tout armée, inspecte le périmètre, et une gendarme (on refusera le terme de gendarmette, car Louis de Funès n'a rien à faire dans cette histoire) repère deux individus cagoulés qui tentent de franchir l'enceinte. Surpris, ils filent ; le reste de la nuit est parfaitement calme. Les tirs de mortier étaient sans doute une diversion. Mais que voulaient les deux individus cagoulés surpris à passer la barrière ? Récupérer un chargement de stupéfiants saisis lors d'un contrôle routier ? Ou alors voler des armes, sous-estimant totalement la sécurisation pointilleuse des armes à feu dans les locaux d'une gendarmerie ? Une attaque de glandus sûrement (le parler local me revient), mais de glandus dangereux s'ils ont des idées pareilles.

Sur la page d'en face, ça a failli mal tourner. Dans une ferme de Corbonod, la nuit, des bruits. Le lieu est bucolique sur les flancs boisés du Colombier, mais la nuit c'est obscur, isolé. Le fermier sort, voit une voiture, il rentre chercher son fusil, le temps qu'il ressorte et la voiture démarre. Il tire, les petits plombs grêlent sur la carrosserie, sur les vitres, retentit un cri de douleur, une voix de jeune fille qui jure comme un charretier. Les gendarmes arrivent, la conductrice est blessée aux bras, la peau constellée de taches de sang, mais c'est superficiel, il suffira de retirer les plombs à la pince à épiler. La jeune fille, assez ivre, raconte son équipée. Elle voulait fêter le dernier jour avant le confinement, elle a fait la tournée des potes et des bars, un verre par-ci, un verre par-là, et zigzaguant sur le flanc noir du Colombier elle est passée devant la ferme, et a soudain voulu caresser des agneaux et des petits lapins, prise d'un besoin d'empathie et d'une envie de câlin avant de s'enfermer pour de longues semaines. Le fermier s'excuse, il ne voulait pas la blesser, il visait les pneus. Elle est conduite à l'hôpital, personne n'est inculpé, les dépositions ne feraient pas sérieux.

Terrorisme, pandémie, troubles divers, ça chauffe dans la France de l'intérieur. Je suis rentré dans ma banlieue, c'est bien plus calme. Et parfois je viens m'asseoir sur le balcon à côté du chat, avec lui je regarde la rue vide où les feuilles tombent une à une des arbres d'alignement. Nous attendons que le virus s'éteigne.

Éloge du roman, encore

1er janvier 2021

Plutôt que *sapiens*, parce que *sage* faut quand même pas pousser, l'être humain serait davantage *Homo narrativus*, l'homme qui raconte, puisque raconter est notre nature profonde. Plus qu'à désigner ce qui nous entoure, notre langage sert à ça : raconter, raconter aux autres, se raconter à soi-même, et quand il n'y a plus personne pour écouter, alors écrire ce qu'on raconte, parce que c'est là notre pulsion la plus essentielle. C'est pour ça sans doute que l'on continue à se livrer à cette si étrange pratique du roman, que l'on passe des heures à en lire, des années à en écrire, sans jamais s'en lasser puisque tout ce temps est rythmé par les battements de notre cœur narratif.

D'aucuns diront, avec ce désagréable sourire en coin de celui qui annonce un avenir inconfortable auquel *il faudra bien se faire*, que le désir de narration est maintenant presque tout entier comblé par la série. C'est vrai, des tas de gens passent des heures sur un canapé à *mater des séries* comme on dit pour éviter de dire *regarder*, qui ferait trop passif et moins moderne. C'est vrai. Mais ça lasse, ces péripéties au kilomètre sur un petit écran. Un peu plus de langage me nourrirait davantage. J'en reste au roman, qui est divers, profond, roboratif quand il est réussi.

Je viens d'en achever un qui me redonne confiance dans la puissance des machines de papier : *Histoires de la nuit* de Laurent Mauvignier, paru cet automne et très étrangement oublié de tous les prix. Il est épais de six cents pages, que j'ai dévorées le cœur battant. Il m'a tout autant procuré un puissant plaisir de lecture qu'une réflexion sur le pouvoir des récits sans écrans, sur des pages qu'on tourne à la main.

Le récit est un scénario de film de genre, un synopsis de frissonneur (j'adore traduire *thriller*), mille fois vu à l'écran. Une famille vit son train-train que des inconnus violents et mystérieux viennent perturber. L'intrusion est un thème très fort, inquiétant en soi, et le roman de genre à ceci d'extrêmement puissant qu'il convoque toujours des thématiques archaïques et universelles qui nous font tous trembler.

Mauvignier construit un scénario méthodique en quarante-six chapitres, qui s'il était filmé donnerait un film pas déplaisant, vite oublié. Mais il l'écrit. Il va tout écrire, chaque geste, chaque regard, chaque frémissement d'âme des protagonistes. Il va passer grâce à la souplesse du langage de la description des lieux à l'intérieur des personnages, de leur présent le plus aigu à leur passé le plus profond, de leur point de vue le plus subjectif à la notation de toutes les sensations, de tous les détails de leur environnement, et ça sans jamais rompre la phrase, car la vie est globale, elle est une unité de flux que justement le langage peut dire. Alors c'est long, puissant et profond comme une dérive des continents secouée de séismes, c'est exactement le contraire de l'usage du moment, dans le roman en général et le roman de genre en particulier, qui enjoint d'écrire à l'os, d'écrire vite, de brosser simplement des actes rapides pour mimer la précipitation du film d'action, puisqu'on dit comme un compliment d'un roman qu'il est cinématographique, alors qu'il devrait plutôt être littéraire, ce serait mieux adapté, et ça produit autant d'images.

Mauvignier ralentit, épaissit, abonde, il croit en l'usage de la langue, il a confiance dans les propriétés du langage, et il donne chair, chair humaine au squelette du scénario. Alors tout prend sens, tout frappe profond, tout apparaît en images mentales marquantes avec un poids d'humanité et d'émotions qui font de ce roman une grande expérience de lecture. On s'attache aux personnages, on s'inquiète pour eux, et dans le flot ralenti de cette prose surabondante on a le temps de les voir dans toute leur complexité, dans toute leur humanité, qui est du coup la nôtre. On est avec eux, on tremble.

En prenant le contre-pied d'un apparent bon sens, qui serait d'écrire simple et vite pour aller au rythme de l'action, Mauvignier résout de façon inattendue un problème littéraire : en prenant le temps de scruter, de s'approcher des gens et des choses, en prenant le temps d'écrire et de décrire tout à la fois, il secoue et ébranle au plus profond, et ainsi allie deux tendances du roman qui semblaient incompatibles, il fait se rejoindre la puissance du genre et la profondeur de la littérature, en un livre qui fait battre le cœur et bouillonner l'esprit, tout ensemble. Et il a le talent de tenir ce grand écart de la première page jusqu'au dernier paragraphe. Rhabillez-vous, séries ! Voilà le roman...

Tartuffes.com

16 janvier 2021

Quatre ans après il s'en va enfin, et nous avons perdu un sujet de conversation. C'est qu'il nous a fait parler, le bougre, avec ses outrances et ses provocations, avec sa parole en roue libre répandue sur toute la terre par la grâce ambiguë des réseaux sociaux. Pendant ces quatre ans, c'est vingt-quatre mille tweets qui auraient jailli de son Smartphone personnel, dix-sept par jour quand même, un toutes les heures hors sommeil, dimanches compris. Il a inondé méthodiquement la planète de ses points d'exclamation, de ses phrases brutales à la syntaxe tronquée, de ses mots en majuscules qui miment des coups de poing sur la table. Avec un aplomb insensé, il parlait directement au peuple sans passer par les subtiles modalités du gouvernement. C'est comme s'il y avait un tableau d'affichage électronique planté à tous les carrefours de toutes les villes du monde, un mode d'information municipale étendu à la planète, où défilait en permanence le fil ininterrompu de sa parole.

On s'en est moqué, on avait tort. Il avait inventé quelque chose de nouveau, en germe dans le principe des réseaux sociaux mais que lui a développé jusqu'à son absurde, comme mode de conquête et mode d'exercice du pouvoir. Muni des concepts inédits de vérité hyperbolique et de faits alternatifs, il construisait un monde mental détaché du réel et qui l'emportait sur le réel.

Nous n'avions pas compris, croyant à de la bêtise, nous nous moquions en savourant des caricatures, et pendant ce temps il s'emparait du pouvoir, et puis il gouvernait. On n'y croyait pas, comme si Mickey était sorti de son *cartoon* pour passer dans le réel, sans abandonner son trait simplifié et son épaisseur de papier, et qu'il nous mettait des baffes, mais de vraies baffes qui nous jetaient à terre, nous étions incrédules mais à terre. Ce n'est pas sérieux, bafouillions-nous, assommés.

Le *nous* dont je parle désigne ceux qui croient à l'État, à la démocratie, au consensus raisonnable, à la vérité issue du débat, toutes choses dont il démontra par l'exemple qu'on pouvait très bien s'en passer. La réalité dissoute dans le *bullshit*, on ne croyait pas cela possible, et puis si. Ce qu'il vociférait sur Twitter ne tenait pas debout et puis il a été élu, soutenu, maintenant lâché mais seulement de justesse. Sans doute n'a-t-on pas mesuré la profondeur du fossé qui sépare ceux qui ont de ceux qui n'ont pas, on n'a pas compris que la colère l'emporte en général sur la vérité, on ne soupçonnait pas que le réel soit si fragile quand les réseaux sociaux en deviennent la porte d'accès, ces réseaux sur lesquels le vrai et le faux coexistent jusqu'à engloutissement du vrai. On n'a pas pris au sérieux le clown à moumoute orange qui semblait parler comme l'oncle embarrassant des repas de famille, mais au-delà du contenu de ses propos, c'est lui qui avait la parole, c'est lui qui décidait de quoi on devait parler, et toutes les heures il lançait un nouveau sujet de conversation, dont la pertinence n'avait aucune importance car il serait changé une heure plus tard. C'est fascinant, ce changement de paradigme de gouvernement, et c'est effrayant pour l'avenir du politique.

Alors, quand Twitter lui a coupé le robinet on a pu un instant se sentir soulagés, et puis aussitôt un malaise est venu. Le prétexte fut un message annonçant son absence à l'intronisation du suivant, interprété comme une incitation cryptée à la violence. Ce n'est donc pas le message qui justifiait la sanction, mais tout le personnage. Et en quatre ans, ils ne s'étaient aperçus de rien? Et donc ils coupent le son à quelqu'un comme ça, sans débat ni décision de justice? Par un tardif déni de démocratie, ils punissent quelqu'un qui depuis quatre ans saccage la démocratie? Je ne sais pas si on va vers le mieux... Mais en tout cas, en agissant à quelques jours de la passation de pouvoir, Twitter reste du côté du manche, avec un petit air « marsien », du nom que donnent les Algériens à ceux qui se sont sentis très FLN en mars 62.

La nature même des réseaux sociaux est de véhiculer n'importe quoi, alors quand leurs propriétaires s'en offusquent, cela fait sourire, et puis ça inquiète. Ils seraient de simples fournisseurs d'accès, sans responsabilité sur les contenus? Comme c'est hypocrite! On voit l'intérêt d'un mode de régulation transparent, extérieur au réseau, parce que la loi, c'est quand même plus clair que ces ridicules *standards de la communauté* au nom desquels les comptes sont suspendus sans débat. Il n'est pas très sain que la parole publique soit régulée par l'arbitraire privé.

Un matin ordinaire au Mali

22 janvier 2021

Quand je me lève, il fait encore nuit, c'est mon horloge interne qui sonne brusquement sans bruit, sans autre auditeur que le chat puisqu'il arrive au petit trot, il perçoit peut-être les neurones qui démarrent, ou bien le basculement de la couette, ou bien il possède la même horloge. Je lui ouvre et il s'assied sur le balcon, il regarde à droite et à gauche, son nez frémit, il inspecte ses terres avant l'aube, cherche ce qui pourrait avoir changé, il observe la rue en bas. En été, je laisse ouvert, en hiver, je peste, mais il rentrera après son tour du propriétaire, le propriétaire c'est lui.

J'allume la radio avec le son au plus bas pour ne réveiller personne, la radio est l'amie des petits matins, des nuits qui s'achèvent, des jours qui commencent avec peu. J'écoute France Info qui me dit ce qui se passe, quelle que soit l'heure où je me lève, je fais comme le chat, j'inspecte le monde, je flaire, je cherche ce qui a changé ; même chose que le chat sauf que le monde je n'en suis pas propriétaire.

Et ce petit matin là, alors que la fenêtre de la cuisine était encore noire, à peine pâlie au-dessus des silhouettes carrées des immeubles, j'ai entendu un récit qui m'a touché. C'est sans doute ça que j'attends quand j'allume la radio dans ce qui reste de nuit, j'attends que l'humanité me revienne, que mes frères humains, que je n'ai pas encore vus ni entendus, me parlent, j'ai pour l'instant seulement ouvert au chat.

Ce matin-là, un jeune soldat de vingt-cinq ans à peine racontait comment il avait vu sur une piste du Mali la mort qui le regardait de tout près, avant que tout explose. Le caporal-chef Jordan était mitrailleur sur un véhicule blindé de combat d'infanterie, celui dont le torse dépasse de la trappe à côté de la tourelle, celui qui respire, qui sent le vent de la route, celui qui est le plus exposé aux tirs, celui qui manœuvre la grosse mitrailleuse qui dévaste tout sur ses axes de visée. Les autres étaient dans la boîte blindée, aux commandes ou assis sur les sièges de la section de combat. Sur une piste du Mali ils escortaient un convoi de ravitaillement, des soldats maliens sur des pick-up pas du tout blindés, de l'essence, des munitions, de l'eau.

Un véhicule chargé de ballots d'herbe, en tas énormes comme en transportent les véhicules du Sahel, s'est approché en cahotant par une piste latérale. Le caporal Jordan lui fait des sommations à la voix, j'imagine qu'il a dû crier fort, et finalement hurler : « Casse-toi, mais casse-toi ! » dans l'air sec du désert. Et puis le sergent Jérémie qui commande le blindé a dit d'avancer, de couper la route au véhicule. Il dit véhicule, il parle de façon posée comme un gendarme, en utilisant les mots précis des rapports de mission, il parle comme personne ne parle dans la vie, d'une façon calme, méthodique, précise. Sur la piste il fait de grands gestes, il lui hurle de s'arrêter, de s'éloigner, le blindé s'interpose, bloque la piste. Le conducteur du véhicule dont il voit maintenant le visage lui fait alors un coucou de la main, sourit sans doute, abaisse sa main, et tout explose. Le choc est terrible, tout le monde est renversé dans le blindé, le soldat de première classe Emmanuel est blessé, un trou dans le bras, le choc ou un éclat, il saigne. Jordan veut lui mettre un pansement mais il n'a pas la force d'ouvrir le paquet, son corps sonné le lâche, il s'en veut. Il s'en veut de ne pas avoir fait plus, de n'avoir pu aider celui qui était avec lui, il rend hommage à la caporale-cheffe Camille, l'auxiliaire de santé, qui sonnée comme lui par l'impact fait son travail parfaitement. Ce sont ses mots, avec sa voix pondérée, son vocabulaire de gendarme, sa façon carrée de raconter des choses. Il y a six blessés, le blindé secoué, mais si le véhicule avait pu s'insérer dans le convoi la citerne d'essence aurait tout fait disparaître dans une explosion de flammes. Un acte héroïque ? « Non. C'est notre travail, dit-il. Et l'auxiliaire de santé a fait un super boulot, et je veux que ce soit dit. »

Mon chat rentre enfin, je ferme la fenêtre parce que le froid envahit la cuisine, la nuit pâlit, on distingue maintenant la forme des nuages, le jingle de France Info annonce une autre nouvelle, un autre récit, le jour continue d'éclaircir. Et je suis touché par la voix si calme de ce jeune homme, auquel un autre homme a fait coucou de la main, les yeux dans les yeux, avant de vouloir le tuer. Et qui pense que c'est là simplement son travail, de se mettre entre la bombe et la cible, pour sauver des gens. Pour lui aussi, je voulais que ce soit dit.

Copain de Mars

26 février 2021

J'ai un ami qui a posé une petite machine sur Mars, alors depuis je me sens un lien personnel avec la planète rouge. Quand le ciel est dégagé, et oh, miracle ces jours-ci la couette de duvet gris posée sur Paris commence à s'effilocher, je la cherche, je guette sa minuscule lueur rougeâtre et fixe, telle que je me souviens de l'avoir distinguée pendant des nuits à la montagne, mais là avec la pollution lumineuse, les lampadaires et les fenêtres, on n'y voit rien, mais tant pis je sais qu'elle est plus ou moins là et que sur sa surface est posée la petite machine que mon ami y a envoyée.

Ce n'est pas lui qui a construit Perseverance, il faut s'y mettre à beaucoup pour un engin si complexe, mais il a construit un détecteur de je ne sais quoi exactement, le même que celui qu'il utilise dans son laboratoire de l'École normale supérieure, mais en plus compact, plus léger, solide, capable de fonctionner tout seul en conditions extrêmes pendant plusieurs années, à soixante millions de kilomètres de la Terre, là où les commandes mettent vingt minutes à répondre.

Je suis flou dans ma description, mais je ne comprends pas tout, j'ai bien fait des sciences, mais pas les mêmes, les sciences différentes sont toutes des langues étrangères les unes aux autres. Et puis je ne l'ai pas connu dans son labo mais en faisant du vélo, nous allions le dimanche à quelques-uns dans les chemins de cailloux des monts d'Or, grimper dans la forêt jusqu'au sommet, d'où Lyon nous apparaissait nappée de brume sous un beau soleil rouge. Quand il a soutenu sa thèse, nous sommes allés le voir, tous les cyclistes, nous ne comprenions rien mais j'ai pris des notes tant c'était énigmatique et beau.

« J'ai suivi le spectre Raman jusqu'à 700 K, et personne n'avait étudié le graphite in situ au-delà. J'ai décidé alors de le faire, à l'aide de nitrure de bore hexagonal, et j'ai usé d'un laser pulsé, augmentant ainsi peu à peu l'énergie des niveaux vibrioniques. Et alors, j'ai assisté à un phénomène d'exaltation de mon spectre grâce à la résonance, et ceci était particulièrement vrai pour des bandes d'absorption de π à π étoile. J'ai pressenti, par un traitement de signaux originaux, des corps si luminescents qu'il n'est pas possible de les caractériser dans le visible. Leur mode, ce mode que vous voyez là à 1 300 centimètres moins un, est bien le mode triplement dégénéré du diamant. Il n'apparaît normalement pas, et cet écart, cet écart que vous voyez là, entre ma courbe et celle de Bernoulli, est bien la mesure, la mesure enfin trouvée, de l'anharmonicité du monde qui nous entoure. Merci. »

Silence. Et après une courte pause, avec un sourire candide, il demanda au jury et au public : « Ça vous a plu ? », comme s'il venait d'achever un numéro de claquettes préparé depuis plusieurs années. Je n'y ai rien compris mais c'était beau comme l'antique. Et le 30 juillet dernier, il tremblait lors du lancement de la fusée qui emportait son précieux instrument, le 18 février il tremblait encore pendant l'amarsissage, ces quelques minutes de chute à travers l'atmosphère où aucune intervention n'était possible. L'engin s'est bien posé.

Maintenant, Perseverance le bien nommé est sur la planète lointaine, il nous envoie des images avec pour la première fois le son de Mars, même si ce n'est qu'un vent continu, qui ne doit pas être très puissant vu la ténuité de l'atmosphère, mais qui fait vibrer la membrane sensible du micro. L'image, elle, est saharienne, en plus froid, c'est à perte de vue du sable et des cailloux anguleux semés sur le sol, avec au fond des reliefs décharnés, le tout baigné d'une étrange lumière rouge, venue d'un tout petit soleil filtré de vents de poussière. Mars. On y est, et il n'y a rien. On oublie Rosny aîné, H.-G. Wells, et les aventures de John Carter, l'espoir de l'expédition est de simplement trouver des traces de vie, de vie infime datant de trois milliards d'années.

Mais l'enjeu n'est pas mince. Si on en trouve, on pourra dire que la vie est apparue deux fois dans le petit espace d'un système solaire, et qu'elle doit grouiller dans l'univers si vaste, et même on en déduira que la vie est une propriété intrinsèque de l'univers. Si on n'en trouve pas, eh bien ça ne prouve rien, on aura cherché au mauvais endroit.

Pendant deux ans Perseverance va se promener, s'arrêtant ici ou là, faisant des prélèvements, des tests, la petite machine de mon ami va tout regarder avec soin et envoyer des données incompréhensibles mais que lui saura décrypter.

Je regarde le ciel, et je n'ai jamais été si près de l'aventure.

Les sables du passé

4 mars 2021

Nous roulions dans une lumière d'apocalypse, une apocalypse qui n'était pas de flammes mais bourbeuse, il sablait. Des gouttes d'eau sale étoilaient le pare-brise, effacées par le grincement des essuie-glaces, cela couvrait peu à peu la voiture de petites auréoles d'ocre rouge. La lumière était étrange, pareille à celle du film *Blade Runner 2049*, ou bien d'une photographie maladroitement photoshopée, le ciel d'un sépia criard et toutes les couleurs modifiées n'importe comment. La lumière était uniforme, le soleil n'était pas localisable, les ombres absentes. Nous allions dans le Jura trouver de la neige, et une poussière de sable tombait du ciel, teignant tout d'ocre rougeâtre.

Cela venait du Sahara, apprîmes-nous par la radio, des tourbillons de sable s'élevaient à une grande hauteur, ils étaient pris en charge par les vents d'altitude, et traversaient la Méditerranée pour retomber sur l'Europe, surtout la France, sur le Sud-Est où nous venions chercher le blanc immaculé. Mais même en le sachant, c'était inquiétant cette lumière de fin des temps où la colorimétrie familière des paysages était bouleversée.

Dans le Haut-Jura les plaques de neige étaient sales, comme de vieilles diapositives dont les couleurs auraient tourné. Heureusement le soir il neigea, tout fut repeint de blanc, remis à neuf pendant la nuit. Mais le lendemain, parcourant à raquette le paysage d'ondulations molles entre des sapins poudrés, le sable réapparaissait à chaque pas. En s'enfonçant de quelques centimètres, nous voyions sous la couverture de neige fraîche un trait ocre horizontal de quelques millimètres qui faisait le tour de la trace. Le sable saharien avait recouvert d'une couche continue la totalité du Haut-Jura.

En quelques jours les vents et les pluies avaient nettoyé le ciel, au retour tout était redevenu normal, le soleil à sa place, les ombres marquées, les couleurs revenues à leurs habitudes. J'aurais sans doute oublié ce jour étrangement colorié, ou au moins cela serait sorti de mon attention, si par la presse je n'avais appris ce que contenait le sable.

C'est Pierre Barbey, un spécialiste de la radioprotection à l'université de Caen, qui eut l'idée d'aller voir. Il faisait des raquettes lui aussi, un peu plus haut dans le Doubs, et il vit la neige où il marchait se couvrir de poussière pendant la journée. Sur sa voiture il recueillit un peu de cette poussière du bout d'un kleenex, il avait déjà analysé du sable saharien il y a trente ans et curieux, il voulait recommencer.

Cette étrange idée tient à ce qu'il est membre de l'ACRO, une association créée au lendemain de l'accident de Tchernobyl, en réaction à la carence de l'information au sujet des retombées. Cette association vise à mesurer le taux de radioactivité dans l'environnement et de le faire connaître, dans un esprit de démocratie participative, pour que les choix dans le domaine du nucléaire puissent se faire dans une transparence maximale de l'information.

Dans les sables du Jura, il trouva du césium 137, et c'est un élément qui n'existe pas sur Terre… (c'est ma réplique favorite des films de science-fiction, à ce moment-là les personnages se taisent, relèvent les yeux, se regardent en silence, ils sont sûrs maintenant que les extraterrestres sont là)… mais il est produit par la fission nucléaire qui a lieu lors de l'explosion d'une bombe atomique. Rien de grave, la radioactivité est infime, la santé humaine n'est pas en danger. C'est seulement un vestige historique : le 13 février 1960, Gerboise bleue explosa dans le désert algérien, alors français. Elles furent dix-sept en tout, les bombes atomiques françaises à exploser dans le Sahara, il y en eut après l'indépendance, jusqu'en 1966, la France ayant gardé des installations militaires dans ce but, avant de tout transporter dans le Pacifique.

La période du césium 137 est de trente ans : tous les trente ans la moitié de la radioactivité disparaît. Deux fois trente ans après les explosions, une activité mesurable peut donc encore traverser la Méditerranée. C'est dire la quantité qui fut produite et laissée sur le sable. Dans les années soixante, on était parfaitement négligent des risques pour la santé de ces radioactivités faibles produites par les essais nucléaires. On mesurait mal leur effet et leur dispersion.

Il reste donc des traces, celles de la guerre froide, de la course aux armements, et du Sahara français, qui régulièrement nous reviennent. L'apocalypse là-bas était de flammes, et nous en récoltons un demi-siècle après les cendres pas tout à fait refroidies.

Mon chat mute

16 mars 2021

Ce mardi est presque jour anniversaire, puisque le 17 mars dernier, c'était un mardi aussi, commençait le confinement de printemps, celui que l'on appelle maintenant le premier et que l'on croyait alors unique et définitif, le virus devant disparaître faute de contacts. Et puis non, il a survécu et le confinement s'est poursuivi cahin-caha, voilà un an que nous sommes dans des mesures d'isolement de degrés divers, qui changent nos vies, nos rythmes et nos rapports humains.

On s'y fait, on vit quand même, on travaille et on voit les gens à des heures bizarres sans trop les approcher, mais on voit apparaître ici et là quelques étrangetés. Ce qui m'inquiète ces derniers mois, c'est qu'il me semble que mon chat a muté. Pas physiquement, mais psychiquement. Je crois qu'il a assimilé la pensée politique contemporaine : il est devenu antispéciste. Bon, ça vaut mieux que végan, je n'aurais pas su comment le nourrir, mais quand même ça change la vie.

Avant il passait ses journées seul, nous travaillions à l'extérieur, partant le matin et rentrant le soir ; mais depuis l'enfermement nous sommes toujours là. Alors ce chat méfiant, toujours aux aguets, réticent à être porté dans les bras ou sur les genoux, n'acceptant rien qu'il n'ait choisi, sanguinaire avec les mouches et potentiellement sanguinaire avec les pigeons qui volent au ras du balcon, ce petit fauve très animal s'est fait à nous. Nous l'avons apprivoisé comme le fennec du Petit Prince, qui est appelé renard dans le livre mais je vous assure c'est un fennec, apprivoisé sans rien faire, être là simplement, ne pas bouger et ne rien dire, chaque jour un peu plus près. Parce que pendant ces longs mois, nous n'avions rien eu d'autre à faire que d'être là.

Il a commencé à regarder Netflix comme tout le monde, le confinement créant de longues soirées sans dîners ni sorties favorisant l'absorption de séries, la passivité de ce terme d'absorption convient à la situation, nous passions pas mal de temps sur le canapé devant l'écran, qui avait été placé là par habitude et qui fut pendant tout ce temps très utile. Il se posa d'abord sur un fauteuil à distance, puis il se rapprocha au fil des épisodes, et finalement s'installa sur le canapé, la tête vers l'écran, et il s'endormait avec nous.

Il s'empara d'une partie de notre lit. Lui qui dormait toujours ailleurs, j'y avais œuvré quand il était chaton, vint se poser discrètement au milieu de la nuit, dans un coin du bout du lit, pas de mon côté, il est prudent. Et puis il s'allongea de tout son long et se glissa entre nous, il dormait allongé. Et le jour il dormait sous la couette, le corps couvert et la tête dehors, comme il nous voyait faire.

Il se mit à aimer les pistaches, qui se firent plus fréquentes avec les apéros du soir, il suffisait de les lui décortiquer et ensuite il en léchait le sel et les grignotait. À heures fixes, heure de l'apéro, nous avions quand même des règles, dès qu'il entendait le froissement du paquet il se précipitait devant la table basse, et patiemment assis il attendait.

Il voulut manger à heures fixes, les nôtres. Il négligea son pâté, voulut goûter le nôtre, le trouva meilleur. Il mangea désormais dans une petite assiette de même couleur que les nôtres, et il mangea cuit, ce qui comme on le sait est une marque de civilisation, il a dû lire les Lévi-Strauss du fond de la bibliothèque.

Lui qui fut si distant nous tourne maintenant autour, fait des plissements d'yeux, des miaulements incitatifs, se pose devant nous et nous fixe, il va jusqu'à demander le câlin, voire même l'exiger, se posant sur le dos et agitant les pattes. Il nous fait la conversation, nous le comprenons parfaitement. Quand des gens viennent et nous voient faire, et le « nous » que j'emploie le comprend lui, ils marquent un peu d'étonnement, qu'ils maîtrisent poliment si nous ne sommes pas très intimes, mais qui se déchaîne en rigolades moqueuses si ce sont des proches. Il se peut que nous aussi ayons muté : nous ne voyons pas le problème.

Il n'était pas comme ça, avant. Et si je récapitule, tout est humain dans ses nouvelles habitudes, dormir, manger, bavarder et regarder Netflix. Je ne suis plus très sûr qu'il sache qu'il est un chat. Il est devenu antispéciste, vous dis-je, il a franchi la barrière d'espèces, il ne la voit même plus. Quand je rentre de courir, il se jette sur mes chaussettes toutes mouillées de sueur et se roule dessus en ronronnant, il les adore et mon T-shirt moite aussi. Mais je reste ferme : quand il demandera à s'habiller, ce sera non.

Tavernier ! Remettez-nous un film...

26 mars 2021

Nous allons continuer sur le chemin de la lyonnaiserie, ce n'est pas ce que je voulais mais Bertrand Tavernier vient de mourir. Et il n'y avait pas de cinéaste plus lyonnais que cet homme-là, à part les frères Lumière, mais ils n'en ont connu que la préhistoire.

On trouvera que j'exagère, que je caricature Tavernier et que je monte en épingle les petits particularismes lyonnais, mais on dit toujours des bêtises quand on parle d'identité, parce qu'elle déborde toujours les définitions qu'on en donne, et tant mieux. Amusons-nous donc à rendre hommage au cinéaste disparu, déguisé pour l'occasion en gône de Montchat (bien appuyer sur le *o* pour être crédible), il n'y aurait sans doute vu aucun inconvénient.

Cette idée-là m'est venue d'un coup devant les scènes de bouchon de *L'Horloger de Saint-Paul*. Le bouchon, pour ceux qui doutent (« Tout le monde y peut pas être de Lyon, il en faut ben d'un peu partout », dit *La Plaisante Sagesse lyonnaise*, petit recueil de phrases définitives qu'il faut lire avec l'accent), le bouchon, donc, ce n'est pas la file de voitures qui roulent au pas sous le tunnel de Fourvière, mais un restaurant avec des nappes à carreaux, rouges et blancs.

On y est serrés, c'est un peu sombre et tout en bois, le chef est rugueux, et quand on ne se fait pas engueuler on est content, on est comme qui dirait adopté. C'est lui qui place d'autorité, et il joue un rôle d'influenceur dans le choix des plats et des vins (c'est normal, c'est lui qui fait et qui reçoit). « Ça c'est bon, de toute façon, il y a plus que ça », dit-il en tapotant une ligne de son gros doigt boudiné. On y sert des plats qui tiennent au ventre, des abats, des sauces, des pieds de porc panés qu'il faut grignoter avec les doigts et avec soin pour ne rien laisser sinon les os. Noiret, dans le film, joue le bouchon à la perfection, gourmand, ironique et bougon, il repasse le plat de cardons à la moelle, redemande un pot de côtes (du Rhône, mais on dit côtes). Fantasme d'un passé rêvé ? Oui, mais il y en eut.

On ne va pas résumer l'œuvre de Tavernier à une scène de table, mais il y a dans tous ses films cette humanité pudique, cette joie du corps bien planté, cette sombre bonhomie des pères, et puis l'agitation maladroite des fils, qui savent venir de là et qui cherchent à s'en éloigner. Il y a dans les films de Tavernier cette attention aux gens, cet humanisme sans théorie, et un certain académisme aussi. Mais l'académisme bien fait est un bonheur de spectateur, comme une poularde demi-deuil réussie. Et ça c'est bien lyonnais, une bourgeoisie discrète qui aime l'ordre et le confort, et aussi les grandes causes, ce qui parfois arrive à se combiner, Tavernier en est l'exemple.

Il a parcouru tout le cinéma, exploré tous les genres, les aimant tous et n'en rejetant aucun, à tel point que davantage qu'un cinéaste, il est un cinéphile qui fait des films. Il avait une érudition prodigieuse, prenait plaisir à tous les films, il en voulait toujours un peu plus. Ses acteurs, toujours un peu les mêmes, étaient ses doubles dans l'espace du cinéma, lui permettant d'y entrer et d'y vivre comme il l'aurait souhaité enfant. Noiret, bonhomme et terrible, pouvait être régent, policier moraliste et flingueur, père débordé, vieil officier ramasseur des corps des jeunes gens tués, et Torreton, plus affûté, plus en colère, pouvait être policier agité, officier des corps francs, instituteur utopiste. Tavernier s'approchait des gens et les regardait, mais les regardait vraiment, alors peu importe le genre du film, polar, en costume, ou drame social, peu importe les inventions formelles, ce qu'il voulait c'était être au plus près, dans un cinéma à la Capra en plus enthousiaste, et plus en colère contre ce qui ne prend pas soin de l'homme.

Et on en revient au bouchon. Lui qui a tant aimé le cinéma, qui lui fut sa fenêtre, sa porte dérobée, sa nourriture, il nous convie à nous en régaler sur la nappe à carreaux, il rit, il taquine, il ressert tout le monde. L'œuvre de Tavernier c'est ça, de la tradition mais qui tient au corps, qui nourrit l'esprit aussi, et qui rassemble autour de la table. Et c'est complètement dans l'esprit de ce cinéma qu'il a tant aimé dans les années cinquante, ces productions hollywoodiennes faites pour divertir, mais par des artistes qui en débordaient les règles et touchaient les spectateurs au plus profond, bien au-delà de ce qu'avait prévu la production. Ils sont des divertissements profonds parce que si humains, les films de Bertrand Tavernier, qui fut Hollywood-sur-Saône à lui tout seul.

La thrombose de Suez

1er avril 2021

Il est un endroit sur terre où les bateaux, de gros navires de haute mer, peuvent avancer en plein désert dans une tempête de sable, si dense qu'elle grêle sur les bastingages dans un vacarme insupportable, et si compacte que de la passerelle de commandement on ne voit pas où va la proue. Et ce qui devait arriver arriva, l'énorme machine qui traversait ce brouillard urticant dérapa sur les puissants courants que produisait son tirant d'eau, elle pivota, on en perdit le contrôle et elle s'emplâtra dans la berge ; tout à fait comme sous nos latitudes mais l'hiver, quand les pneus dérapent sur le verglas, glissent sans plus aucune adhérence et que la voiture vient se ficher bien profond dans la congère qui borde la route.

Mais là il s'agit d'un navire de quatre cents mètres de long, pesant deux cent mille tonnes, et quand il se plante dans le sable en travers du canal de Suez, on est embêté, la dépanneuse du garage voisin ne va pas suffire. Il est gros, vraiment très gros, si on considère la Cité radieuse à Marseille, cette barre d'immeuble du Corbusier qui me paraît déjà bien grosse, on pourrait en mettre sept ou huit dans le bateau, et il y aura encore un peu de place. Il emporte vingt mille conteneurs remplis de choses et d'autres, ce qui, chacun chargé sur un camion, formerait une file continue de presque deux cents kilomètres.

C'est gros, très gros donc, et c'est bêtement planté dans un tas de sable par son bulbe d'étrave. On se précipite bien sûr, l'heure est grave, le canal de Suez relie l'Europe à l'Asie, c'est un dixième du commerce mondial qui passe par là, et maintenant les bateaux chargés de tout font la queue aux deux issues, ils se trouvent bloqués parce qu'il obstrue la route.

On apporte des pelleteuses pour creuser le sable, des dragueuses pour l'aspirer sous l'eau et le rejeter plus loin, des remorqueurs pour le tirer, mais c'est comme un éléphant évanoui dans le couloir que l'on essaierait de pousser à la main ou de soulever avec un diable d'épicier : il frémit à peine et on ne peut toujours pas passer. C'est quatre cents navires qui attendent au bout de quelques jours, le prix du pétrole augmente en Syrie car la livraison est ancrée en mer Rouge, certains envisagent de faire comme avant Ferdinand de Lesseps, de contourner l'Afrique et de doubler le cap de Bonne-Espérance, mais c'est une route agitée de tempêtes, un détour de neuf mille kilomètres, dix jours de retard dans le monde du juste-à-temps, et cela traverse la zone de piraterie du golfe de Guinée. Le commerce mondial est bien embarrassé après ce dérapage qui a mal tourné.

Notre monde, à force d'être perfectionné, globalisé, intégré, est fragile. On s'en est rendu compte voilà un an, tout juste un an : la France avait des stocks de masques constitués en cas de pandémie respiratoire, mais on les a réduits parce qu'ils ne servaient pas, la pandémie n'arrivait pas, et que le stockage coûte, et puis on a eu une bonne idée, une idée frappée au coin du bon sens de l'orthodoxie économique contemporaine : flux tendu/mondialisation/bonne gestion. Si une pandémie se présente, hop on lance l'alerte, hop on demande aux Chinois, et hop les masques arrivent avant même que d'éternuer. Facile et moderne. On a vu le résultat, on a vu comment notre seul recours fut de démontrer que les masques n'étaient pas si indispensables que ça. Lorsqu'ils arrivèrent, ils devinrent obligatoires. Et entre-temps, il était strictement interdit d'en vendre au public. On s'est dit alors qu'il fallait peut-être relocaliser un peu, plutôt que de mettre en place une délicate dentelle de flux tendus, de fabrication à la demande, et de transports lointains.

Pour les vaccins, même problème. Sanofi le champion national laissa tomber la recherche et la fabrication, comptait sur l'approvisionnement mondial, et se contenta de se concentrer sur son cœur rentable de métier, la commercialisation de ce qui existe déjà. Et patatras ! l'inattendu arriva, comme toujours il arrive, et pas de vaccin, pas de brevet, pas d'approvisionnement, chaque pays bloquant le précieux sérum à ses frontières, s'occupant d'abord, on ne saurait trop le blâmer, de sa propre population. Alors, on se dit : il faudrait peut-être localiser un peu...

L'histoire de l'*Ever Given* bloqué dans le canal est un symptôme : c'est la petite thrombose qui ne peut qu'arriver, parce que les accidents arrivent toujours, dans une artère essentielle du grand corps mondial, c'est la paralysie d'un membre par un coup du sort, une sorte d'AVC, un Accident Vulnérant le Commerce, dû à une trop grande confiance en la mondialisation.

Corn flakes et aviation

15 avril 2021

C'est un peu comme la production de céréales du petit déjeuner, adorées des enfants parce que c'est du sucre croustillant. Par des processus industriels complexes, de floconisation ou d'extrusion, broyage, malaxage, élimination de l'enveloppe externe et ajout de sucre sous forme de sirop de maïs ou de glucose, cuisson à la vapeur et sous pression, passage sous vide pour expansion, séchage à haute température, on passe d'un grain de céréale qui est une merveille de vertus nutritionnelles à quelque chose de bien sucré qui croustille, rangé par le Nutri-Score à côté du croissant au beurre, son amidon transformé en sucre pur, censément pour le rendre plus digeste, et ses micronutriments éliminés. Cela a pour nom *céréales* comme le produit de départ, mais c'est un abus de langage, qui a comme effet direct de participer, à égalité avec les sodas, les chocos et les chips, à l'épidémie de surpoids qui frappe les enfants.

Cet ingénieux procédé industriel, qui transforme radicalement l'objet tout en gardant le nom intact, me fait penser au processus législatif qui mène lentement à l'adoption de la loi « portant la lutte contre le dérèglement climatique et renforcement de la résilience face à ses effets », *loi climat* en version courte. Le 10 avril on a ainsi supprimé les vols Paris-Lyon dont j'ignorais qu'ils existaient encore, sauf pour les correspondances avec les aéroports parisiens, seules destinations pour lesquelles ils volaient toujours. Parce que sinon, qui s'embêterait à prendre l'avion pour une demi-heure de vol, certes, mais avec plus de trois heures de transferts, d'attentes, de procédures de sécurité, à faire la queue et traverser à pied les aérogares surdimensionnées, alors qu'on peut faire le même transport en deux heures mais tranquillement assis à faire autre chose. La mesure semble être vide de sens.

Elle avait été pensée par la Convention citoyenne sur le climat, cent cinquante citoyens tirés au sort qui pendant six mois ont réfléchi pour proposer des mesures visant « dans un esprit de justice sociale à réduire les émissions de gaz à effet de serre de −40 % d'ici à 2030 par rapport à 1990 ». Pour ce, ils auditionnèrent cent quarante experts, et proposèrent cent quarante-neuf mesures sur les thématiques du logement, de l'alimentation, de la production, des déplacements et de la consommation. Le président s'était engagé à ce qu'elles soient proposées « sans filtre » au Parlement.

C'était tout de même un beau projet de fonctionnement démocratique : des citoyens, après consultation d'experts, proposent, à une assemblée d'élus qui eux décident. Las ! La machine à extruder s'empara du petit grain. Par une de ses déclarations en semi-off dont il a le secret, lui permettant des propos cash très étudiés dont il sait qu'ils seront repris, le président affirma que « ce n'est pas parce que cent cinquante citoyens ont écrit un truc que c'est la Bible ou le Coran ». On reconnaît bien là ce refus d'accorder « autant de place à *Jojo* le *Gilet jaune* qu'à un ministre ».

Le projet de loi transmis au Parlement reprenait donc un certain nombre de ces mesures, pas toutes, réécrites, ou reprises partiellement. Pour ce qui est de l'avion qui nous occupe, la proposition était de supprimer les lignes aériennes intérieures, si un trajet alternatif en train de moins de quatre heures existait. On garda la formulation, on modifia un infime réglage, la durée, et ce n'était plus que de deux heures trente qu'il s'agissait, de Paris à Lyon, Bordeaux, Nantes.

Au Parlement, on décida de limiter le temps de débat, et de ne pas traiter les amendements qui seraient trop éloignés du principe de la loi, ce qui est constitutionnel mais flou, ne seraient pas motivés, et provoqueraient une hécatombe d'autres amendements. La discussion eut quand même lieu dans ce cadre réduit, et un certain nombre de députés s'opposèrent énergiquement à la mesure, voulant sauver les régions enclavées ou une industrie aéronautique en difficulté, comme si une telle mesurette allait plomber Airbus ou isoler davantage encore la Lozère. À la fin, la non-mesure fut adoptée, vidée de tout sens, de toute efficacité écologique, le vaste processus avait accouché d'un corn flakes aplati. Et ainsi pour des dizaines d'autres mesures, inactivées par quelques réglages, ou rejetées parce qu'on ne veut mettre aucune contrainte à l'économie.

Ce qui peut se comprendre, mais comment alors imaginer une transition écologique si au fond on ne veut pas légiférer ? Attendre que la conscience s'éveille ? Attendre la technologie miracle ? Autant allumer un cierge.

Rêve spatial

30 avril 2021

Michael Collins est mort, Thomas Pesquet s'envole, l'aventure spatiale continue.

Collins, c'était le troisième homme d'Apollo 11, celui qui resta dans le module Columbia au-dessus de la Lune pendant qu'Aldrin et Armstrong faisaient les premiers pas de l'Homme sur un autre astre que la Terre, un petit bond pour l'astronaute sur le sol de régolite, mais un bond de géant, trois cent mille kilomètres quand même, pour y arriver.

Pendant la folle journée des astronautes à pied, Collins attendait, il fit trente tours de la Lune, et chaque fois qu'il passait derrière, pendant quarante-huit minutes il était hors de vue, hors d'atteinte, sans communication possible avec qui que ce soit, l'homme le plus seul qui ait jamais été depuis Adam. Pierre Barthélémy, journaliste scientifique plein d'esprit, fit la remarque que lorsque Collins prit une photo du module lunaire contenant ses compagnons, avec le disque terrestre en arrière-plan, la totalité de l'humanité était comprise dans la photo, sauf lui.

Mais pendant toute sa giration solitaire autour de l'astre nocturne, il était terrifié par une seule chose : qu'un accident empêche le module lunaire de décoller, de remonter, de s'amarrer, et qu'il ne puisse rien faire, que les deux autres soient abandonnés sur la Lune ou dans l'espace, et qu'il doive rentrer seul. Il ne s'en serait jamais remis, dit-il. On la comprend, cette terreur de la solitude et de l'impuissance dans ces espaces infinis qui effraient. La conquête spatiale est une prodigieuse aventure technologique mais il y a en son cœur une aventure humaine, celle des hommes et des femmes projetés tout là-haut, animés de sentiments humains que tout le monde connaît, mais exacerbés par le décor cosmique et la solitude radicale. Pour ça, l'aventure spatiale fait rêver. C'est une pièce tragique où les personnages entrent seuls en scène, on tremble pour eux.

Est-ce utile ? L'effort de recherche a eu mille retombées. Et puis la connaissance. Et puis le rêve. L'imaginaire spatial a été structurant dans les sociétés américaine et soviétique des années soixante, même chez leurs alliés, Apollo effaçant totalement Véronique, la fusée française. Mais on ne s'occupait que de missiles, pas de vol habité.

Étrangement, le rêve spatial germa aussi ailleurs, où l'on n'y aurait pas pensé, mais il y avait l'enthousiasme. Au début des années soixante, dans le prospère Liban d'avant-guerre, il y eut un groupe d'étudiants autour de leur professeur de physique qui lançaient des fusées. La dernière, peinte en rouge et marquée du cèdre alla jusqu'à Chypre. Au Zaïre, c'est le maréchal Mobutu qui finança en 1975 un projet spatial, faisant appel à l'Otrag, première société spatiale privée, fondée par un Allemand admirateur de Wernher von Braun, et qui ne parvint jamais à envoyer quoi que ce soit dans l'espace. Le Congo ne renonça pas, en 2009, la société Développement tous azimuts, dirigée par Jean-Patrice Keka, diplômé de l'Institut supérieur des techniques appliquées, lança une fusée purement congolaise, *Troposphère 5*, qui contenait un rat, le premier à être projeté dans l'espace. Le montage fut un peu chaotique, sur un terrain herbeux où des chaises accueillaient des généraux chamarrés, il y eut du retard, le lancement eut lieu de nuit, et une boule de feu alla s'écraser un peu plus loin. Jean-Patrice Keka, radieux, déclara à la télévision que c'était une grande réussite. Et le rat ? Hélas...

Et Thomas Pesquet ? Il fait des photos splendides, toutes sortes d'expériences, et du sport attaché à des élastiques. Il faut lire *Dans la combi de Thomas Pesquet*, la bande dessinée documentaire de Marion Montaigne. C'est très drôle parce que Montaigne est drôle, et très instructif parce que Montaigne creuse son sujet. On y voit la longue préparation des astro-spatio-cosmonautes, qui sont incroyablement compétents, intellectuellement, psychiquement et physiquement : ce sont les meilleurs d'entre nous qui sont envoyés là-haut. Ils doivent savoir démonter et remonter les yeux fermés toutes les parties de la station spatiale, ou même de leurs camarades de vol, car aucun plombier ni chirurgien ne viendra les aider là où ils sont.

D'aucuns se moquent un peu (nous sommes en France, pays moqueur) de l'aspect gendre idéal de notre héros des étoiles. Beau, intelligent, sportif et d'humeur égale, sensible quand il faut et sachant raconter ce qu'il a vécu, il excelle en tout, à un point tel que c'en est agaçant. Mais c'est normal, il a été choisi pour ça : il faut quelqu'un qui présente bien en cas de visite d'extraterrestres. Il est en première ligne.

La bombe irascible

11 juin 2021

Si mes souvenirs d'amateur de mauvais films sont exacts, c'est dans *Terminator 4* que l'on voit apparaître les hydrobots. Enfin voir... Ils rôdent dans les eaux opaques du monde postapocalyptique du film, et se jettent sur tout être humain qui pose le pied, essaie de traverser, s'approche simplement de la rive. Ce sont des poissons mécaniques articulés, armés d'une mâchoire de métal tranchant, animés d'une intelligence artificielle tout juste suffisante pour les seuls actes qu'ils accomplissent jour et nuit : rôder en quête d'humains, et se jeter sur eux pour les déchiqueter. L'image est terrifiante, angoissante, mais c'est ça que l'on vient chercher dans les mauvais films. Pour ceux qui n'auraient pas cette culture (il y en a qui préfèrent les bons films), on rappellera que *Terminator* est un ensemble réalisé sur trente ans où l'on raconte comment les machines devenues intelligentes et autonomes tâchent d'éliminer les humains. Et n'y arrivent pas, l'enjeu étant repris à chaque film, et chaque fois on tremble.

L'autonomie de la machine est une inquiétante étrangeté, un malaise assez irrationnel mais profondément ancré. Quand Google développa sa voiture autonome, on s'inquiéta, et on fit tourner en boucle l'accident qui eut lieu, du fait d'une erreur de la machine qui ne sut pas différencier un vaste camion blanc du ciel blanc sur lequel il se détachait mal, et la voiture s'y encastra, tuant le passager qui n'y put rien. Un tel récit angoisse, il plombe le développement des voitures autonomes, alors que c'est trois mille morts par an rien qu'en France qui succombent à une conduite tout à fait humaine. Mais symboliquement, c'est incommensurable : le mort Google, du fait de capteurs et d'algorithmes, est plus insupportable que les trois mille morts dus à la cervelle et à la main. Mourir oui, mais par nous-mêmes. D'où la puissance émotionnelle et symbolique des *Terminator*. Il y a dans les mauvais films réussis une proximité avec la symbolique le plus archaïque, on les regarde pour ça.

Mais voilà que l'on s'approche dangereusement du futur. Ça se passe en Libye, c'est-à-dire nulle part, comme disait Ubu, devenu maître de notre monde. D'après un rapport du Conseil de sécurité de l'ONU, des drones militaires autonomes se sont rendus sur une zone de combat, ont sélectionné eux-mêmes leurs cibles, et les ont attaquées. Le drone militaire n'est pas une nouveauté, il sert d'appareil d'observation, envoyant les images de sa caméra embarquée à un opérateur situé à quelques centaines de mètres, ou bien pour les grands Reaper américains, ils rôdent dans le ciel à une hauteur qui les rend invisibles du sol, sauf par un bref éclat de soleil, voyant tout par leur caméra dotée d'un téléobjectif puissant, et pouvant *traiter une cible*, comme disent les militaires dans leur vocabulaire qui ne sent jamais la tripe ni le sang, en tirant le missile commandé par un opérateur situé à quelques centaines ou milliers de kilomètres de là. Mais là, c'est autre chose. Il n'y a plus d'intervention humaine, le drone vole, rôde, repère, identifie, et tue en toute autonomie. On appelle ça des *systèmes d'armes létaux autonomes*, euphémisme technique pour dire que la machine tue toute seule.

Quelques indices et déclarations font penser que d'autres champs de bataille isolés des préoccupations mondiales ont connu ces attaques automatiques. On parle du Haut-Karabakh, possiblement du Donbass. Et on identifie des machines que l'on appelle des *munitions rôdeuses*, avec un certain génie de la formule, il faut le dire. C'est ça qui m'a rappelé les hydrobots qui rôdaient dans les rivières de *Terminator 4*. La munition rôdeuse est une bombe qui vole, qui rôde, et quand elle identifie sa cible par analyse algorithmique d'images, elle se précipite dessus et explose avec elle.

Pour l'instant, limites technologiques, ces robots tueurs ne volent qu'une trentaine de minutes, sur quelques kilomètres, mais ça marche ; et la technologie étant ce qu'elle est, toujours en progrès, ça se perfectionne. L'art de la guerre ne manquait pas de ressources, mais si maintenant les bombes vous cherchent, les mines vous courent après, si les missiles décident d'eux-mêmes de vous tuer, c'est qu'on a franchi un palier. Des philosophes et des juristes réfléchissent sur les implications de cette mort automatique, les États tâchent de réglementer les robots tueurs autonomes, espérons que la pensée et la règle aillent plus vite que la technique. C'est un vœu pieux, mais on s'y raccroche, tant ces images sont effrayantes, comme un mauvais film qui surgit dans la réalité.

Des rixes discrètes

8 octobre 2021

Je suis large, je viens encore de le vérifier, et à mon âge c'est plutôt une bonne nouvelle que d'être plus large qu'épais, d'avoir plus d'épaules que de ventre, de pouvoir passer de profil par une embrasure, trop étroite pour l'aborder de face. J'en connais qui ne peuvent pas, et qui désormais restent sur le seuil. Mais la confirmation que j'en eus fut un peu brutale et c'était la troisième fois en quelques mois.

J'étais assis dans le métro, je lisais, la voiture se remplissait. J'avais prévu le coup, j'avais pris un strapontin au fond, dans le coin. Quand les passagers s'accumulent, il convient de se lever, de replier le strapontin et de voyager debout. Mais j'étais dans le coin, me lever n'aurait pas fait gagner de place. J'avais le nez dans les hanches d'un monsieur, je lisais. À côté de moi, sur la même paroi où j'étais adossé, une dame avait calé sa hanche à hauteur de mon épaule. Je ne voyais que son trench serré à la taille, rien d'autre, je lisais. Un romancier c'est ça, quelqu'un qui a beaucoup aimé lire, qui aime encore et qui lit, tout le temps. Je sentais la hanche de la dame contre mon épaule, heureusement pas celle du monsieur contre mon nez, et le métro filait dans sa caverne en tressautant de sa façon mystérieuse, à croire que les galeries du métropolitain sont pavées et qu'on y roule avec des roues de chariot cerclées de fer. La hanche de la dame cognait mon épaule à chaque cahot, violemment. Je lisais, j'ai des capacités d'abstraction exceptionnelles, mais ça cognait vraiment, amplifiant chaque secousse de la machine. Je me serais bien écarté mais j'étais encoigné au dernier degré, collé à la paroi, une épaule coincée et l'autre martelée avec régularité. Je lisais. Quand nous sommes arrivés au terminus, la voiture s'est lentement vidée comme un sablier se vide, un écoulement lent de gens qui peu à peu laisse de l'air, et j'ai vu de dos ma petite dame en trench, une blonde impeccable qui sortit sans que jamais je voie son visage, et j'entendis très distinctement : « Mais quel manque de politesse ! » Elle disparut sans se retourner et je compris qu'elle avait fait exprès, qu'elle m'avait cogné perfidement pendant tout le trajet, pour me faire lever sans doute, mais dans le coin où j'étais je n'aurais fait de place à personne. Mais c'est le principe. J'avais l'épaule un peu endolorie. Et ce n'était pas la première fois que l'on s'acharnait sur mon physique encombrant.

La première fois j'étais assis à une place réglementaire, de celles qui ne se redressent pas, que l'on peut garder même quand tout est bondé. J'étais contre la paroi, l'épaule calée contre la vitre, quand une dame vint s'asseoir à côté de moi, son épaule contre la mienne. Elle commença à me pousser, elle trouvait sans doute que je prenais trop de place. Elle appuyait, poussait, gonflait son épaule, je sentais à son contact qu'elle voulait me dégager de là, mais mon autre épaule était collée contre la vitre, je ne bougeais pas. C'était une dame élégante, tailleur et coiffure figée de laque, je la voyais bien directrice de quelque chose, et elle poussait sans me regarder, utilisait son épaule comme levier ou comme barre à mine. De profil je voyais son visage dur, ses lèvres pincées, elle devait sans doute penser au *manspreading*, ce concept féministe qui désigne l'étalement des hommes dans les lieux publics, qui prennent toute la place en écartant les jambes, n'en laissant plus aux femmes. Et elle semblait résolue à lutter contre cette forme quotidienne d'oppression, elle poussait, poussait en silence, et je m'écrasais de plus en plus contre la vitre. Je n'osais rien dire, une remarque aurait sonné comme une accusation, et ça aurait mal fini. Elle se leva enfin sans me regarder, je sentais sa fureur et son mépris rayonner. Je me déployais enfin intérieurement, mes deux poumons purent se gonfler ensemble plutôt qu'alternativement.

Cela arrivera encore, dans la même configuration, mais avec une vieille dame toute menue qui cala avec peine son chariot de courses, et tâcha de se faire une place à coups d'épaule. C'est une manie ! On donne des cours de rugby-métro à l'usage des transports publics, et je n'en savais rien ! Mon autre épaule s'écrasait contre la vitre. Mais cette fois la petite dame toute ridée se pencha vers moi, souriante, et d'une voix conciliante, elle murmura : « Vous pouvez vous pousser un peu ? — Je ne peux pas, madame, je suis écrasé contre la vitre. J'ai juste des épaules un peu larges. » Elle se pencha pour vérifier, acquiesça, et s'installa tranquillement. Le voyage continua, apaisé.

Table ronde et tsunami

4 novembre 2021

J'avais fait étape à Lyon, dormi dans un hôtel près de la gare pour prendre un train tôt, très tôt, et quand je suis entré dans la salle du petit déjeuner au moment où les portes s'en ouvraient, j'ai été accueilli par l'énorme télévision fixée au mur bloquée sur BFM. Un bandeau barrait l'écran : « Intempéries, nouvel épisode cévenol en cours. » Et c'est là où j'allais.

L'épisode cévenol, c'est un petit tsunami de montagne caractéristique des rudes Cévennes. Les nuages tièdes montent de Méditerranée, dérivent vers le nord et se heurtent aux reliefs déjà froids. S'ensuivent des pluies brutales qui remplissent d'un coup les torrents, ruisseaux et rivières qui occupent le fond des vallées, tous les cours d'eau confluent et s'additionnent, et c'est une violente onde de crue qui dévale la pente, submerge les routes, déplace les ponts, et ravage les villes et villages de l'aval.

« Cours d'eau à surveiller, continuait BFM : le Gardon, la Cèze. » Exactement là où j'allais. Tant pis, j'y vais. J'avais rendez-vous dans un salon du livre à l'épicentre de la tempête parce que j'avais écrit un livre avec un aquarelliste dont le sujet était la Cèze, précisément cette rivière en train de déborder. C'était un très joli livre, non pas par ma participation mais solide, carré, finement imprimé, il faisait plaisir à voir et à tenir entre ses mains. Il parlait de cette petite rivière peu connue qui descend des Cévennes montagneuses, traverse les Cévennes charbonnières et va se jeter cent vingt-huit kilomètres plus loin dans le Rhône, le trajet de l'onde de crue qui gonflait ce matin-là. Mais il fallait bien que j'en parle aux gens, de ce livre, il fallait qu'il existe.

Le train fila jusqu'à Nîmes en déchirant le rideau de pluie qui venait battre les fenêtres, le paysage était à moitié dissout. Mon ami l'éditeur m'attendait à la gare, nous avons continué en voiture. Comme par ailleurs il est maire, la préfecture lui envoyait des alertes inondation par téléphone que nous écoutions avec soin, débitées d'une voix trop nette dont on ne savait pas si elle était naturelle ou artificielle, ça faisait une drôle d'ambiance car elle annonçait que les précipitations continuaient, que des risques de débordements dommageables étaient à envisager, et énonçait méthodiquement la liste des routes déjà fermées. Le Gardon était gros, brun, et filait à toute vitesse, il formait de gros bourrelets à la base des piles des ponts. Nous gagnions en altitude, le temps gris allait bien aux Cévennes, les flancs des montagnes brillaient d'un vert profond et continu, les villages accrochés à la pente se tenaient droits et obstinés comme des camisards. La route serpentait à flanc de montagne, un muret de pierre la séparant du ravin. Des cônes de chantier nous signalèrent l'effondrement. Un trou dans la route, la chaussée et le muret emportés, ça va passer, dit mon ami imperturbable, il restait l'espace d'une voiture entre la paroi et le trou, ça raclait un peu mais ça passait.

Nous continuâmes jusqu'au salon du livre, dans la belle salle municipale d'un bourg cévenol. Il y avait peu de livres, le seul étal d'un libraire, mais un potier, un aquarelliste ornithologue qui exposait ses planches mais ne les vendait pas, et trois stands de châtaignes. Et puis une exposition à propos de Stevenson et de son âne. Il n'y avait pas grand monde, surtout des exposants, mais il pleuvait des cordes dehors, le Gardon filait, de plus en plus gros au fil des heures. Je mangeai quand même une excellente crêpe à la farine de châtaigne. Des gamins en chapeaux noirs et pointus allaient en groupe, se mettaient rapidement à l'abri, Halloween était trempé. En début d'après-midi, il y avait moins de monde encore, essentiellement les exposants, pas tous d'ailleurs. Une table ronde était annoncée pour notre livre. Nous disposâmes les chaises, nous nous installâmes autour d'une table, le libraire, l'éditeur et moi. Nous bavardions en attendant le public, l'heure passa doucement, fort agréablement entre nous, devant les alignements de chaises vides. Quelques visiteurs passaient entre les stands après avoir secoué leur parapluie mais n'approchaient pas. Bon, dit l'éditeur en regardant sa montre, je crois que l'heure est passée. Les chaises restaient vides, bien rangées, exactement comme nous les avions mises. Nous repartîmes vers Nîmes pour reprendre le train. Les alertes de la préfecture se faisaient rassurantes malgré la voix impersonnelle qui les débitait : ça allait vers le mieux, le risque de crue était passé. C'est beau la vie d'écrivain, on voyage, même si on ne parle pas toujours de livres.

Terreur-Taxi

26 novembre 2021

Il ne faut pas croire que les taxis toujours vous transportent, parfois ils terrifient. En me posant à Roissy un soir pluvieux de novembre, j'eus une faiblesse. Il me fallait prendre encore le RER et puis le métro pour me rendre là où j'allais dormir et c'était ce moment de novembre où les feuilles tombent, où l'air est de l'eau froide en suspension, les résolutions vacillent et se dissolvent. En passant devant les messieurs qui murmuraient « taxi... moto-taxi... » aux voyageurs qui venaient d'atterrir, je cédai, autant par flemme que par curiosité. J'en suivis un jusqu'à sa grosse cylindrée garée un peu plus loin, il ne devait avoir ni autorisation ni licence, ni quoi que ce soit, mais c'était novembre. Je revêtis une veste de motard avec des renforts tout le long de la colonne, une charlotte puis un casque avec micro, j'enfourchai la grosse machine et il me recouvrit les jambes d'une lourde couverture imperméable. Je ne savais pas où me tenir. Il enfourcha à son tour, je me sentis basculer sans recours, il démarra et à chaque virage je basculais, je ne maîtrisais rien. Et sur l'autoroute bondée, ce fut une longue terreur irrationnelle parce que la chaussée était couverte de plaques de feuilles mortes et de flaques, il fonçait entre les voitures qui passaient à quelques centimètres de mes genoux ; chaque virage se négociait penché, j'étais persuadé de tomber chaque fois, de déraper sur les feuilles mouillées de novembre, le bitume défilait sous moi à cent dix kilomètres-heure, ce qui est infiniment trop quand c'est à dix centimètres des semelles. Je ne tenais à rien, il n'y aurait eu que passer mes bras autour de sa taille et me serrer contre lui qui m'aurait rassuré, mais nous ne nous connaissions quand même pas très bien. Je bus ma frayeur jusqu'à la dernière goutte.

En Italie ce fut en voiture que j'éprouvai la même terreur. J'eus le premier soupçon dans Rome, à un feu rouge. À l'arrêt, il tressautait, les poignets agités de secousses, il se grattait partout, la tête agitée de saccades comme une poule. Dans les avenues de banlieue il tressautait toujours, ouvrait et fermait la vitre passager, téléphonait en se penchant par la fenêtre, zigzaguait entre les voitures. Il mettait et enlevait ses lunettes de soleil à contretemps des nuages, je soupçonnais des symptômes, cocaïne ou manque, et quand nous atteignîmes l'autoroute, ce furent des kilomètres de cauchemar où il roulait à cent cinquante en continuant d'être secoué de tremblements, collant les autres voitures, se curant les ongles sans toucher le volant et accélérant encore. Serrant la poignée intérieure de la portière d'une main même pas moite mais détrempée, je vis apparaître les bâtiments de l'aéroport comme un pèlerin aperçoit la flèche de Chartres, ou de tout lieu dont il attend le salut. Je ne savais que dire, je lui dis : « *Rapido...* », et il leva le pouce en croyant à un compliment. Je descendis, les jambes tremblantes, il fallut une bonne heure pour qu'elles me portent correctement.

Mais c'est à Saint-Pétersbourg que ma paranoïa atteignit des sommets, c'est normal, c'est russe. Je me dis maintenant qu'il n'y avait pas que la trouille mais une fâcheuse propension à imaginer le pire. Voulant rester dans les règles, je commandai un taxi et le payai dans un kiosque dans le hall de l'aéroport. On me fournit un papier tout en cyrillique et on me dit d'attendre, j'y allai, cela dura. J'avais mon papier incompréhensible et l'inquiétude montait, quand un type se précipita vers moi, un petit maigrichon aux traits creusés, avec une grosse moustache jaunie et des cheveux gras sous les oreilles, en veston miteux, il semblait sortir d'un film soviétique. Il vint à moi, m'engueula, prit le papier et m'engueula encore, me fit signe de le suivre tout en m'engueulant, jusqu'à une voiture toute retapée et poussiéreuse, tirée elle aussi d'un vieux Mosfilm. En grommelant il démarra, il prit l'autoroute à fond en pétaradant, penché sur le volant comme s'il ne savait pas conduire. Autour, il n'y avait rien, nous passions sous de colossaux ponts d'autoroute, le paysage était herbeux, nu, sans aucune ville, j'étais dans *Stalker* et il m'emmenait dans *la Zone*, j'allais disparaître, il allait me dépecer, me manger, me saler pour l'hiver. Quand je vis apparaître les premiers immeubles XIXe qui annonçaient le centre, je soupirai de soulagement. Cela devint urbain, de plus en plus, et il me déposa à la bonne adresse, tout simplement. « *Spassibo* », dis-je, et je m'enfuis.

Je me demande si l'imagination n'est pas un handicap, parfois.

L'hubris de Bezos

4 décembre 2021

Quand Jeff Bezos, l'homme le plus riche du monde — ça varie d'année en année, voire de jour en jour en fonction des fluctuations boursières, mais il est toujours immensément riche, le premier homme de toute l'histoire de l'humanité à avoir possédé à lui seul plus de deux cents milliards de dollars américains —, Bezos donc, quand il est revenu parmi nous après s'être envoyé en l'air à l'aide d'une fusée pour lui seul construite, dont l'aspect caricaturalement phallique a fait ricaner, a aussitôt fait une conférence de presse où il a prononcé cette phrase étrange dont le sens est soit énigmatique, soit affreusement cynique : « Je veux remercier chaque employé d'Amazon, car les gars, c'est vous qui avez payé pour tout ça. Du fond de mon cœur, merci. » Eh oui, les gars, merci, c'est votre travail de chaque jour, le dur travail de préparation de colis et de livraison rationalisé à grande échelle par Amazon, ce travail pour lequel vous parcourez des kilomètres de rayonnage guidés par une tablette fixée à votre bras qui calcule votre trajet optimal et qui mesure votre temps de trajet et tous vos gestes, et qui vous contrôle et vous évalue, c'est ce travail où vous êtes en permanence optimisé jusqu'à la rupture de votre corps et de votre esprit, car la machine peut davantage et donc vous devriez pouvoir davantage encore, c'est ce travail où vous êtes considérés comme des aides à la machine, comme des pièces de rechange, c'est bien lui qui a permis, goutte de sueur par goutte de sueur, petite pièce par petite pièce, de payer à l'homme pour qui vous travaillez un tour dans l'espace dans une fusée privée que vous lui avez offerte.

On croirait un empereur de Chine auquel sa multitude de paysans pauvres et affamés auraient toute l'année offert quelques grains de riz patiemment économisés jusqu'à ce que soit constituée une immense montagne de riz, qui servira à un unique grand banquet pour l'empereur, ses chiens, et quelques favoris.

Jeff Bezos a lui de grands projets pour l'humanité : « Nous avons le choix, voulons-nous la stagnation et le rationnement ? Voulons-nous le dynamisme et la croissance ? La réponse est facile. Si nous nous déplaçons dans le système solaire pour toutes les activités courantes, nous avons des ressources illimitées. » Il propose donc des colonies spatiales, de grands tubes flottant de plusieurs kilomètres de long accueillant un million d'habitants voire plus. « Toute l'année sans pluie ni tempête, sans tremblement de terre, les gens vont vouloir vivre là-bas. »

Comment discuter ? Il y a quelque chose d'enfantin dans le visage de Bezos, ses yeux ronds, entre émerveillement et rouerie, un sourire ravi, et un chapeau de cow-boy pour aller dans l'espace. « Il est animé d'un enthousiasme communicatif, il a une facilité à vendre des projets qui font rêver », dit de lui un homme d'affaires. Mais de quel rêve s'agit-il ? Et pour qui ? Sa vision du monde est des plus simples : on veut, on gagne. Les ressources manquent ? On ne va quand même pas se priver. La Terre est limitée? Allons ailleurs. Il y a dans sa vision du monde une avidité enfantine. Que sa fortune soit bâtie sur une exploitation féroce, sur la volonté de détruire les modes de commerce anciens, et pour ce qui m'intéresse, la librairie et l'édition (on voit que j'ai des raisons de lui en vouloir personnellement), est en parfaite cohérence avec cette avidité sans frein, cette sauvage toute-puissance du nourrisson qui demande encore, encore, encore.

Cette fortune inimaginable est le triomphe de l'individualisme, du narcissisme, du solipsisme. Il a bâti une fortune en proposant que l'on ne sorte plus de chez soi et que l'on achète tout d'un clic sur l'écran, Amazon est ainsi bâti sur le hors-sol, le hors-lieu, le hors-contact. Il est par ailleurs ouvertement libertarien, ce qui est la philosophie politique des gagnants, de ceux qui n'ont besoin de rien, pour qui le collectif ne signifie rien. Alors, partir tout seul dans l'espace, revenir avec un chapeau de cow-boy et annoncer que l'on vivra tous là-haut, sans plus de liens avec rien, n'est que la suite du projet Amazon.

De Bezos enfant, on dit qu'il était surdoué, doté d'un très haut QI, ce qui ne rassure pas. J'y vois plus un symptôme de retrait dans un monde propre qu'une mesure d'intelligence. Et maintenant, cet homme possède à lui seul la puissance d'un petit État. On peut trouver ça dangereux. Alexandria Ocasio-Cortez, députée démocrate de New York, affirme que tout milliardaire est un échec politique, bien plus qu'un signe de prospérité. J'en suis persuadé.

Combien de femmes ?

10 décembre 2021

La série dit bien l'air du temps, mieux que le cinéma, plus lent, plus artiste, plus pensé. Ça doit être sa rapidité d'exécution, son impératif commercial, ce but ultime qui est de devenir addictive, c'est-à-dire de captiver le spectateur pendant dix heures de suite. Cette durée insensée lui fait attraper dans son environnement tout ce qui peut retenir l'attention, donc l'air du temps. C'est ce qui peut la rendre plaisante, ou bien insupportable de conformisme, c'est selon.

Quand j'ai regardé *Bodyguard*, je n'ai pas identifié tout de suite où était l'air du temps. L'argument en est policier sur fond de terrorisme, un ancien d'Irak devenu policier d'élite est garde du corps de la ministre de l'Intérieur, qui défend une loi restrictive et liberticide tout en étant menacée d'attentat. Bon, banal air du temps, bon polar, bien joué et subtil parce que c'est britannique, et puis quelque chose me tint en alerte, quelque chose d'étrangement jamais vu. J'ai réalisé la place éminente des femmes et des minorités ethniques. Si le personnage principal est un brave gars à l'accent écossais, avec des préoccupations de brave gars, s'occuper de ses deux enfants, gérer une séparation compliquée d'avec sa femme, on s'y identifie sans même y penser, la plupart des personnages importants sont des femmes ou bien des gens issus de l'immigration au Royaume-Uni, Pakistanais, Antillais, Nigérians, Irakiens. Ça, en France, c'est rare, et même jamais vu de façon constante dans toute une série. Dans une suite d'aventures très tendues où un attentat va se commettre, le groupe d'intervention de la police, une sorte de GIGN surarmé, est dirigé par une femme noire, et c'est une tireuse d'élite qui suit les événements dans la lunette de son fusil de précision. La ministre est une femme, ainsi que la directrice des services antiterroristes et de protection rapprochée. L'enquête sur notre bodyguard est menée par un tandem policier, lui pakistanais et elle une métisse des West Indies. Les hommes blancs ? Le Premier ministre, peu présent, un vétéran souffrant de syndrome post-traumatique, et notre héros qui n'est pas à la fête dans sa vie à la fois quotidienne et aventureuse, mais qui incarne le corps désirable, autre inversion.

J'ai regardé ce que les critiques disaient de cette série, tout le monde louait le puissant jeu d'acteur, le rythme tendu, l'efficacité addictive (bingo !) des rebondissements. Je n'ai lu nulle part cette chose pourtant étrange vue de France : les femmes et les gens issus des minorités ethniques y sont des personnages puissants, sans que ces caractéristiques qui pourraient faire l'objet de quotas soient même mentionnées. Ce sont simplement des protagonistes d'un drame palpitant. Alors je me suis souvenu de mon étonnement de Français en voyant à Londres dans une grande station de métro à la décoration désuète deux policiers impassibles qui regardaient passer la foule, l'un était un sikh majestueux avec une grande barbe noire et un turban impeccable, l'autre une femme portant un voile à la manière d'Asie du Sud, une étole posée autour des épaules et passant élégamment sur sa tête. Tout était normal.

En France, est-ce différent? Je parle des fictions. Il faudrait compter. Bien justement, le collectif 50/50 vient de publier une étude faite sur cent quinze films français. Pour les femmes qui constituent 52 % de la population, elles n'occupent que 38 % des rôles de personnages principaux; et si elles ont la cinquantaine, cela tombe à 1,2 % alors que c'est 21,6 % de la population. Quant aux personnages délinquants, 40 % ont un accent étranger, 10 % des personnages perçus comme non blancs commettent des crimes, contre 4 % des Blancs; c'est 28 % si le personnage est présenté comme musulman.

51 % des personnages sont cadres de professions intellectuelles, pour 18 % de la population, 4 % sont ouvriers contre 21 % de la population, 85 % vivent à Paris. Seule exception, 3 % des personnages sont agriculteurs alors qu'ils ne constituent que 1,4 % de la population. Héritage sans doute de l'intérêt que porte un vieux pays rural à ses racines.

80 % de ces films sont tournés par des hommes. On pourrait en conclure que les réalisateurs font des films avec des personnages qui leur ressemblent : les hommes diplômés vivant à Paris écrivent des histoires d'hommes diplômés vivant à Paris, où les choses se traitent entre hommes, les femmes étant là pour le décor ou comme enjeu. On me citera des exceptions, beaucoup sans doute, mais ce sont des statistiques. Et ces statistiques donnent le cadre de mon étonnement devant *Bodyguard* qui semble se passer dans un autre monde.

Nous

17 décembre 2021

Il n'y a rien de plus piégeux que d'essayer de préciser une identité collective. Valérie Pécresse en a fait l'expérience en définissant l'identité française en quelques mots, *sapin, foie gras, Tour de France*, elle s'est fait moquer. Avec pas mal de mauvaise foi, puisqu'on avait modifié sa phrase pour la colporter. Elle n'avait pas dit : « Être français, c'est... », mais : « Si en France on ne peut pas... », c'était plus pour tacler les écologistes et leurs polémiques que de tenter de définir cette chose si évanescente qu'est l'identité. L'identité nationale, on la sent ou on ne la sent pas, mais on ne peut guère en parler, encore moins en débattre. C'est flou, vaste, changeant, assez personnel aussi, c'est un fantôme toujours présent, impossible à saisir. Mais on la sent quand même, sans réfléchir.

Donnons-en un exemple par la blague : une des plus drôles de *OSS 117 : Rio ne répond plus*, qui pourtant n'en manque pas, repose sur presque rien : une liste de noms. Notre héros buté arrive au bureau le lundi matin, un bureau où tout le monde est en costume, on est en 1967 mais c'est la France éternelle, et il salue chacun par son nom. Rien de plus banal, nous sommes au siège des services secrets mais c'est la vie de bureau, et se déroule la litanie des bonjours entre collègues, comme partout. Et cette scène provoque de petits gloussements dans la salle, des esclaffements isolés, puis un rire général ; pourtant rien n'a été dit d'autre qu'une liste de noms. C'est que tous ces noms sont très français, trop français, impossibles à penser hors de France, on croirait presque qu'ils n'existent pas tellement ils sont français, et personne dans la salle n'a jamais rencontré de toute sa vie un groupe de gens qui s'appellent tous, absolument tous, par des noms de ce type-là ; et tous les spectateurs dans la salle, sans se l'être jamais dit, savent qu'il n'existe nulle part en France un groupe de gens, réunis par les hasards professionnels, qui tous sans exception auraient des noms si typiquement français.

Il y a dans notre peuple de France un extraordinaire aveuglement quant à notre nature composite, on n'y pense jamais, jusqu'à ce qu'un détail trivial déchire ce voile qui nous empêche de le regarder en face, comme une évidence. L'origine diverse de notre peuple, qui n'est peuple que parce qu'il croit collectivement en la République, en la plus belle langue du monde, et en de Gaulle, n'est pas un discours explicite ; mais il est su au plus profond de nous-mêmes, parce que nous nous en rendons compte chaque jour. La preuve en est qu'une simple liste de noms, prononcée avec candeur par ce merveilleux crétin de Hubert Bonisseur de La Bath, déclenche le rire compulsif de toute une salle de cinéma, sans que chacun des rieurs sache exactement pourquoi ; mais ses zygomatiques le savent, le rire toujours va plus vite que la pensée, voilà pourquoi il est le rire, il libère le corps emmêlé dans ses pensées confuses. Le rire est toujours intelligent et rapide.

Cette blague touche avec une grande précision un point caché de notre histoire, que la lecture d'un annuaire aurait suffi à révéler. Il est dommage que l'on n'utilise plus d'annuaires. Ces gros objets jaunes, en plus de leur usage explicite de donner les numéros de téléphone, avaient d'autres vertus : ils permettaient de surélever le petit cousin à table pour qu'il accède proprement à son assiette, ils permettaient aux policiers de pratiquer l'interrogatoire musclé sans laisser de traces, et ils donnaient aux curieux une liste complète des noms de nos concitoyens. Simenon trouvait là le nom de ses personnages, paraît-il, si on peut faire confiance à un romancier quand il raconte d'où viennent ses idées. Mais c'est pas bête, comme idée : dans ces pages écrites en petits caractères, tous les noms sont authentiques, aucun n'est inventé. On peut y voir comment nos concitoyens s'appellent, et les Martin occupent des pages entières, les Da Silva aussi, les Schneider, Nguyen, Carrara y ont leur place, Jenni trois lignes, et les pages dévolues aux B regorgent de noms arabes ou séfarades, qui sont parfois les mêmes. En France, toute liste de noms est une mosaïque d'origine, on le sait bien ; on ne veut pas le savoir.

Alors donner des critères précis à l'identité française est toujours un échec, c'est soit autoritaire, soit ridicule, il est mille façons d'être français, il y a mille ans que cette identité flotte, s'élargit, varie, existe quand même puisqu'on la sent. Il n'est sans doute d'autre identité nationale que de souhaiter être ensemble, et de s'efforcer d'y parvenir.

Le mystère Michel

3 janvier 2022

Mesdames, messieurs, vous l'attendiez, il arrive ! Le voici, le voilà, il est bien là : 2022 ! Et dans un fracas de porte dégondée d'un coup de pied, il entre brutalement, l'an neuf ! Ooooh ! Aaaah ! vierge comme une tombée de neige fraîche, porteur de promesses, de nouveautés, de résolutions...

Mais en 2022, pas tant que ça. Il sent même l'éternel retour, cet an neuf : en Afghanistan, les talibans sont revenus au même point qu'il y a vingt ans, la pandémie nous renvoie à 2020 avec masques, fermetures et bientôt attestations, et le nouveau roman de Houellebecq provoque la même sarabande élogieuse que chacun des précédents. Il est comme le beaujolais nouveau, ce roman, il revient régulièrement et attire toujours les mêmes commentaires : il est bon cette année, prometteur, excellent, goût de banane. Mais si dans le cas du beaujolais nouveau tout le monde sait que c'est faux, les compliments après boire parce qu'en tant que vin ce n'est pas terrible, dans le cas de Houellebecq il n'y a jamais de démenti : on semble y croire. L'accueil époustouflant de ses romans est un mystère social.

Celui-là, je ne l'ai pas lu puisqu'il ne sortira que vendredi, et je ne connais personne qui m'en passerait sous le manteau une version pirate en me murmurant, complice : « Je pense que tu l'as déjà... », mais j'ai lu tous les autres. *L'Express*, gentiment, publie un florilège d'extraits, des phrases « gouleyantes, détonantes, amusantes, dérangeantes, c'est au choix », est-il précisé, qui prennent « le lecteur à rebours pour mieux le déstabiliser », des phrases du genre : « Cette lumière des fins d'après-midi du début de décembre était sinistre, se dit Paul ; c'était vraiment le temps idéal pour mourir. » Bon, si on veut, mais on peut rester littérairement perplexe devant ces échantillons, c'est comme d'habitude des fusées vachardes avec un peu de lucidité dépressive, ou bien des pointes mal élevées, les vannes du tonton chelou que l'on met en bout de table parce qu'il aime provoquer et fait parfois sourire.

Mais pourquoi son éloge partout ? Il a pour lui une facilité de lecture, une fluidité d'écriture, une habileté du montage, et un hyperréalisme des détails que personne ne prend en charge à ce point dans la littérature française. Mais je ne comprends pas exactement l'emballement. Très souvent dans les articles élogieux qui lui sont consacrés on mentionne qu'il est un « grand écrivain », sans développer, sans expliciter ce concept si flou ni pourquoi on le lui applique. On ne mentionne ça pour personne d'autre, pour lui presque toujours, à croire qu'il faut insister car ça ne se voit pas comme ça.

On lui prête une vision lucide de l'individu contemporain, mais qui se reconnaît dans ce petit bonhomme fatigué qu'il met en scène de roman en roman ? Ah, le voisin... On adore voir que le voisin ne va pas très bien, qu'il se porte bien plus mal que nous, c'est la *Schadenfreude* qui rassure, la joie mauvaise du malheur d'autrui.

On lui prête un prophétisme social, mais assez exagéré quand même : qui peut apprendre quoi que ce soit de l'islam politique en lisant *Soumission* ? Ou de la crise paysanne en lisant *Sérotonine* ? Oui, il effleure certains sujets puisqu'il lit la presse, mais jamais il ne les traite.

Au fond, plus que littéraires, les romans de Houellebecq sont un phénomène social global : des albums à colorier soi-même, avec nos propres inquiétudes et coups de mou, et lui laissera dire, il en fera la promotion a minima, laissant chacun y trouver un sens. Les romans qu'il propose sont la France telle qu'elle se voit, décliniste et déprimée, avec deux trois blagues d'apéro incorrectes pour s'amuser quand même. L'enthousiasme étonnant qui les accompagne, c'est là le phénomène social : une façon collective de se délecter d'un monde, d'un pays, d'un individu que l'on adore voir peint en gris bourbeux pour mieux exorciser la crainte d'être ainsi, déprimé, impuissant, égrotant. Et on rit, précise-t-on toujours, c'est là l'exorcisme, comme on rit des scènes les plus violentes des films de Tarantino, pour s'en protéger tout en les regardant avec gourmandise. Ce sont les seuls romans où des lecteurs de gauche peuvent rire de pensées de droite en se croyant au second degré.

On peut ne pas se sentir concerné par ce monde-là, ne pas s'y reconnaître, on peut trouver la vie pas si mal et l'amour enthousiasmant, et gérer tout autrement la tragédie contenue dans toute vie et tout amour, par le tragique justement et non par la dépression. On peut, même si l'unanimité médiatique fait croire que le monde est vraiment comme il le dépeint, gris.

Une conversation

14 janvier 2022

Je rêvais la semaine dernière d'une conversation politique, d'un échange d'idées qui mènerait chacun à en savoir plus qu'il ne savait en venant, j'ai assisté à cela, c'était à Bordeaux, le lancement des « Jeudis d'éthique publique ». La revue *Études* avait organisé un débat, une discussion, une table ronde, enfin un dispositif qui permettait à des invités de converser. Il y avait Pierre Hurmic, le maire ; Véronique Fayet, présidente sortante du Secours catholique, Daniel Truong Loï, professeur de philosophie en prépa, et Nathalie Sarthou-Lajus, rédactrice en chef adjointe de la revue, chargée d'animer le débat. Le sujet en était : la fraternité est-elle possible en politique ?

La salle était bondée, une salle voisine l'était aussi, avec écran, le débat était transmis en direct sur YouTube. Une telle affluence montre l'appétence pour le vrai débat.

C'est beau, la parole partagée, c'est son essence de l'être, partagée, elle a été inventée pour ça il y a quelques millions d'années, c'est elle qui fait l'Homme : celui qui parle ensemble. C'est une fête de l'esprit, une réalité augmentée, c'est une construction de soi. Les trois personnes présentes conversèrent autour de la fraternité, notion complexe, qui vaut qu'on en parle. Depuis 1880 elle est gravée sur les frontons des bâtiments publics, et depuis la Révolution elle est devise de la République, mais elle semble le parent pauvre de cette devise en trois temps. C'est que la liberté et l'égalité peuvent se revendiquer, s'obtenir, générer des lois, la fraternité ne se décrète pas. Elle est d'une autre nature : on ne choisit pas ses frères, ils nous sont donnés. On peut manifester avec des banderoles où serait inscrit en grosses lettres : Liberté ! Égalité ! Fraternité, on l'envisage moins. C'est pourtant un principe constitutionnel, reconnu comme tel et qui a mené à l'acquittement des habitants des Alpes qui aidèrent les migrants à survivre dans la neige, à passer la montagne et entrer en France. C'était illégal du point de vue juridique, mais conforme au principe de fraternité. N'est-ce pas scandaleux que des faits échappent à la loi en vertu d'un principe ? Le principe de fraternité n'est pas négociable, c'est lui qui fait les sociétés, il est le terreau de tout élan collectif : on ne peut tout simplement pas vivre ensemble sans fraternité.

La fraternité a pour vocation d'être universelle, c'est l'amour de l'autre en tant qu'il est simplement là. La solidarité ne suffira-t-elle pas ? Hélas, la solidarité est un mécanisme, un dispositif indispensable mais qui s'use ; la fraternité est un élan, elle permet de ne pas s'épuiser à être solidaire. Elle ne s'use pas, elle dure. Quand j'ai rencontré un frère, je ne peux l'abandonner, ce que je n'accepte pas pour moi-même, je ne l'accepterais pas pour celui qui est devenu mon frère. Mais il y faut la rencontre, car la rencontre est la seule chose qui change le cœur de l'homme ; les discours, ça glisse. Ainsi tout projet urbain est aussi – doit être – un projet social : favoriser la rencontre et le mélange plutôt que la séparation et l'entre-soi qui détruisent nos sociétés inégalitaires, qui détruisent la possibilité de fraternité.

Ce monde marche sur la tête, on le voit bien, il est alors raisonnable de renverser la table. Les préjugés quant aux pauvres, aux migrants, ces intrus, sont si profondément ancrés qu'il faut une révolution, une Révolution fraternelle. Rien de sanglant mais un renversement de ce que l'on croit sans savoir : l'étranger fait peur là où on ne le voit pas. Il faut sortir le social du ghetto caritatif, non pas aider les gens mais faire qu'une entraide naisse. L'aide ne respecte pas la dignité, la personne aidée a pourtant des talents. « J'ai besoin de toi », c'est la clé de fraternité.

« C'est dans les oasis de fraternité que se préparent les sociétés de demain », écrit Edgar Morin.

J'ai écouté converser celui qui gère, celle qui suscite l'entraide, celui qui pense, j'ai pris au vol ce qui se disait, et j'en fais un montage exact mais sans nommer qui parle : c'est inutile, c'était une tresse collective, une réflexion à plusieurs, une pensée construite là et offerte à tous. Je n'avais jamais pensé précisément comme ça, j'en sors enrichi, je ne m'attendais pas à l'être.

Étrangement, il a été fait dans cette conversation l'éloge de la marche urbaine, et des aménagements qui la favorisent, car le piéton est le seul qui en ville s'expose à la merveilleuse sérendipité, ce miracle de trouver ce qu'on ne cherchait pas en cherchant autre chose. La sérendipité, c'est bien la vertu de la conversation.

1789 / 2019

28 janvier 2022

Et je me suis retrouvé sur scène à la Maison de la Poésie, un micro à la main, pour expliquer pourquoi j'étais là. J'ai bien précisé qu'en tant qu'écrivain je n'étais spécialiste de rien, même si je me mêle de tout. C'était quand même un privilège que l'on me donne la parole, puisque si littérairement je peux avoir un avis parfois pertinent, parfois, politiquement je suis un citoyen lambda. Parce que le sujet était justement politique, rassemblant des gens sur scène et des gens dans la salle, c'était la présentation du livre *Rendez les doléances !* qui exhume les cahiers de doléances remplies par les gens, les gens lambda, pendant la crise des Gilets jaunes au début de 2019. Bon, en tant que citoyen lambda, je n'étais pas totalement hors sujet.

Sur l'initiative de l'Association des maires de France, grâces leur soient rendues, des cahiers de doléances avaient été ouverts dans les mairies, comme en 1789, on pouvait venir en toute liberté écrire quelque chose, un souhait, un avis, une proposition. Ils se remplirent : 400 000 pages dans 16 000 mairies rédigées par 720 000 personnes. En même temps avait lieu le grand débat national organisé par le gouvernement, beaucoup plus encadré, voire corseté, réduit à quelques thèmes définis à l'avance, à des questions fermées, dont les réponses confiées à un cabinet de conseil furent analysées par algorithmes, et dont on ne fit pas grand-chose. Les cahiers aussi furent mis de côté, rangés/oubliés dans les archives départementales. Et voilà, débat, doléances, c'est fait, la crise des Gilets jaunes fut considérée comme achevée, elle couve sûrement mais ne se manifeste plus, passons à autre chose. On peut considérer cela comme une confiscation de la parole, voire comme un déni démocratique, en tout cas un manque de confiance en la parole populaire.

Que veulent les Français ? Eh bien, c'est là, rangé à la cave. Le gouvernement estime qu'il sait, les candidats croient aussi savoir, c'est leur rôle, mais qui a pensé à demander ? C'est dommage de passer à côté de ce trésor national, une consultation totalement libre qui permettrait de décrypter la boîte noire du ressenti quotidien, de prendre le pouls de notre nation secouée, déchirée, occultée par les surenchères de la bataille électorale. Pourquoi ne plonge-t-on pas dans ces 400 000 pages, pourquoi ne s'en sert-on pas comme base de discussion, comme boîte à outils ? C'est cher, compliqué, ça n'intéresse personne, tranchent les experts. Mais l'expertise ne résout pas tout : nous sommes une nation, et pour continuer de l'être il faut l'écouter.

C'est le projet de l'association Rendez les doléances ! qui publie dans le livre du même nom une brève synthèse d'une plongée dans ces archives géantes, espérant lancer un travail plus exhaustif, qui permettrait de comprendre quelque chose aux soucis de la France contemporaine qui ont provoqué les violents événements que l'on sait ; et surtout susciter de vrais débats à partir des vraies problématiques qui nous préoccupent, nous citoyens.

Que trouve-t-on dans ces doléances ? Des inquiétudes quant au pouvoir d'achat, c'est-à-dire la pauvreté qui est là massivement, et se répand. Un sentiment de relégation, du fait des difficultés de logement et de déplacement, qui sont des droits de plus en plus inaccessibles. Un constat d'abandon, du fait de la rétraction des services publics. Et puis cette colère de ne compter pour rien, de ne plus être entendu, de ne plus être convié au fonctionnement démocratique. On ne trouve que de façon très rare des doléances liées aux questions identitaires et d'immigration : la quasi-totalité des contributions traitent de questions politiques et sociales. Et la démocratie représentative n'est pas non plus remise en question, il est simplement pointé que le processus démocratique est vicié par sa professionnalisation excessive, et qu'un peu de participatif ne ferait pas de mal, éviterait un gouvernement par l'ambition et l'expertise.

On sent dans ces demandes si diverses, qui vont du sérieux au poétique, une inquiétude de ne plus faire corps, de ne plus faire nation, et une revendication simple : j'existe ! Pour cela les invisibles de la République avaient revêtu un gilet de haute visibilité pour rappeler leur présence, car l'État joue de moins en moins son rôle de protection des citoyens, sous prétexte d'impuissance alors que la pandémie a montré que l'État peut. Et rappelons que l'inquiétante montée de l'abstention est liée à la précarisation, à la relégation et à l'invisibilisation d'une part importante de nos concitoyens, de ces autres nous-mêmes. Il faut les entendre.

Jugés d'un clic

4 février 2022

Je ne vais pas vous embêter avec le récit de mes malheurs, mais ça a commencé comme ça : mon téléphone est tombé et quand je l'ai ramassé son écran clignotait vert. Je vous épargne les péripéties d'une réparation, mais à la fin je suis allé rendre le téléphone de prêt à la boutique de l'opérateur. Ç'a été long, rien n'est simple dans une boutique où les vendeurs vont sans regarder personne, la tête baissée sur leur tablette, prenant les clients dans un ordre que seul l'algorithme comprend. Je pensais que ça allait être rapide de poser une boîte, dire merci et repartir, mais non, c'était une procédure, avec clôture de dossier et vérification d'identité pour être sûr que c'était bien moi qui le rendais. Ce qui me paraissait un peu loufoque, mais on ne discute pas avec une procédure, ou par le lancement d'une nouvelle procédure. La jeune femme qui s'occupait de moi avait des gestes timides sur son écran tactile, elle m'avait annoncé que c'était son premier jour, que ça pouvait être un peu long. Mais la lenteur d'un opérateur humain est plus supportable que celle d'un algorithme qui déroule sa procédure.

« Et voilà, c'est bon pour moi. Vous avez d'autres questions ?

— Non », dis-je. Mon téléphone réparé, je n'avais plus besoin de rien. Alors elle leva vers moi de grands yeux d'épagneul et dit : « Vous allez recevoir une enquête de satisfaction. Je vous incite à y répondre. C'est important pour moi. Cinq étoiles, c'est que vous êtes satisfait. Quatre, c'est qu'il y a un problème.

— Mais c'est monstrueux ! m'exclamai-je. Comme si à l'école la seule note acceptable était vingt sur vingt, et qu'à dix-neuf commencerait l'échec ! Ne vous inquiétez pas, dans toutes les enquêtes je mets cinq sur cinq, je ne veux pas participer à ce système. Qui est scandaleux. »

Quel système ? Celui de l'évaluation sauvage, qui se répand partout. Dans les gares et les aéroports on nous demande d'appuyer sur des émojis pour dire si nous avons apprécié le service, la Fnac ou d'autres demandent notre avis sur le livre que l'on vient d'acheter, et Netflix sur la série que nous avons commencée, le technicien qui pose la fibre me signale que répondre à l'enquête joue sur sa carrière, les hôtels proposent de remplir un questionnaire pour savoir si tout va bien. Mais je ne veux pas en deux clics juger à l'emporte-pièce le travail de la femme de ménage qui est déjà assez difficile comme ça. Je ne veux pas qu'elle dépende de mon clic, cliqué peut-être après une mauvaise nuit.

La dissymétrie est tellement énorme entre l'évaluateur et l'évalué, entre celui qui travaille et celui anonyme et indifférent qui clique un avis qui dépend du peu qu'il a vu, de l'humeur du moment et de la conception qu'il a d'une évaluation, que je préfère ne pas y participer. Parce que l'évaluation, c'est une chose sérieuse et complexe, je le sais j'étais professeur. Une évaluation ça nécessite des critères, des échelles de réponses, une bonne connaissance de ce qu'on évalue, et ensuite des possibilités de recours et de discussion. Ce que l'on fait là avec des petites étoiles, c'est une évaluation sauvage : n'importe qui clique n'importe quoi, sans critère ni concertation, et on ne sait pas ce qui conditionne le choix de l'évaluateur : cinq étoiles peuvent lui paraître évaluer la perfection, jamais atteinte, donc quatre c'est déjà pas mal, mais du côté de la gestion des ressources humaines, quatre c'est déjà un soupçon, un problème, une remontrance. Cinq est le seul résultat acceptable. Tout ça fondé sur cette motivation malsaine de « donner son avis ». Si au moins c'étaient des boutons pour faire semblant, mais non, ça agit sur la carrière de celui qui est évalué à la va-vite.

Donc débrouillez-vous pour évaluer sérieusement, je ne veux pas vous aider à le faire n'importe comment. C'est dans cet état de ronchonnement que j'ai suivi la primaire populaire. Mais à quoi ça sert de voter comme ça ? À légitimer Taubira qui ne s'autorise que d'elle-même, qui n'a pas de parti derrière elle, donc pas de gens investis, engagés, aux idées claires.

Qui a voté ? On ne sait pas. C'est le problème des primaires : pas de listes électorales, et on désigne celui qui a ramassé le plus d'étoiles. Les autres, qui représentent un mouvement, ont raison de ne pas tenir compte de cette élection sauvage où des gens donnent leur avis par un clic à une seule question des plus vagues, même si affublée de plusieurs niveaux de réponse. Dans un monde où on peut acheter des avis par paquets de mille, répondre pour rigoler ou torpiller, je me demande si c'est sage d'avoir naïvement confiance dans l'avis spontané des gens.

Le plus ancien lecteur

25 février 2022

La Croix vient de perdre son plus ancien lecteur, le plus vieux probablement car âgé de cent quatre ans, mais surtout le plus ancien car il avait commencé à lire ce journal à l'âge de neuf ans, en 1926 m'avait-il dit, et ce jusqu'au mois dernier ; mais ensuite sa vue baissait, ses mains sans force avaient de la peine à tourner les pages, alors il ne fallait plus penser à le lire tout seul. La dernière fois, c'était il y a une quinzaine de jours et il s'était contenté de tenir le journal, de contempler la dernière page d'un air rêveur. Il y avait là ma chronique, que ma tante avait proposé de lui lire, mais il avait décliné l'offre. « Non, c'est pas la peine », elle n'avait pas insisté. Il était question d'Internet, de clics, de jugement en ligne et ce n'était pas son monde, m'a-t-elle dit, il n'aurait pas bien vu de quoi il était question. Alors elle l'a laissé avec le journal entre les mains, la bonne page sous ses yeux un peu vagues, cela suffisait à son bonheur, semble-t-il. On aura compris que le plus ancien lecteur du journal où j'écris est mon grand-père, que j'avais salué il y a deux ans et demi dans ma toute première chronique pour lui faire la surprise d'apparaître sans prévenir dans le journal qu'il lisait depuis… quatre-vingt-seize ans ?

Ces durées m'impressionnent, c'est un peu comme quand je parle des disparitions de dinosaures, mosasaures et ptérosaures, où je dois employer des durées de l'ordre de dizaines de millions d'années, c'est si grand que l'on ne se rend pas bien compte, ce sont d'autres mondes.

Il n'a pas dû lire la toute dernière, ce n'est pas si grave, de toute façon il ronchonnait un peu, il les trouvait inégales, il se protégeait par quelques réserves de la fierté un peu enivrante que lui procurait la voix du sang.

Ma tante, deux de mes cousines et moi sommes allés le porter là où il voulait reposer, près de son lieu de naissance et de jeunesse, dans le petit cimetière de Notre-Dame de Sion, ce « lieu où souffle l'esprit », comme l'écrivait Barrès, première ligne de son roman *La Colline inspirée* qui s'y déroule. C'est une colline qui domine la plaine lorraine, lieu d'un catholicisme fervent, traditionnel et patriotique, voire même régionaliste, chacun des adjectifs que j'écris lui allant comme un gant. On y prie, on y pèlerine, on y médite, et on a l'impression de flotter au-dessus de l'immense paysage qui s'étend autour. « Ici nous éprouvons, soudain, le besoin de briser de chétives entraves pour nous épanouir à plus de lumière », écrit encore Barrès, que j'avoue avoir lu pour la première fois à cette occasion. Mais c'est vrai, c'est un bon endroit pour reposer. Pour les vivants, il y fait un froid de gueux en cette fin février, un vent glacé tourbillonnant dans le petit cimetière entre les gros bâtiments ecclésiastiques. Je n'avais pas voulu suivre le cliché d'une Lorraine froide que ma mère répétait toujours, et mal m'en a pris, j'étais venu de la douceur bordelaise sans précautions particulières, saisissant dans ma chair que le climat continental est bien une réalité et non pas un avertissement maternel un peu usé par sa répétition. Dans la basilique où j'étais entré pour me réchauffer un panneau disait : Merci aux pèlerins, vos dons seront utilisés pour le chauffage, montrant que la sainte église, dans sa grande sagesse, voyait bien le problème.

Attendant que les opérateurs de la grue viennent poser la dalle pour refermer définitivement le caveau, j'avais fait quelques pas entre les tombes, surpris d'en trouver de très anciennes, recouvertes de mousse et de lichens, envahies de lierre, de buis et de joubarbes qu'on y avait plantés il y a longtemps et qui avaient depuis démesurément grossi. Il y avait partout le même christ de fer-blanc qui avait dû être produit en masse dans une fonderie locale au cours du siècle dernier, et le temps avait passé, ils étaient maintenant abîmés, manchots, basculés, enfouis dans un lit de mousse, rattrapés par un buisson qui les dissimulait, et la naïve figurine était devenue un carnaval désordonné mais vivant, ce qui est fidèle à l'esprit. Le catholicisme aime les images et la diversité, il permet toutes sortes de saintetés, il y avait là Notre-Seigneur-des-mousses, Notre-Seigneur-des-buis, Notre-Seigneur-des-carambolages-et-des-manchots, toute une joyeuse bande qui lui tiendrait compagnie pour l'éternité. Ce lieu était un bon choix.

Nous avons refermé la tombe et sommes repartis, laissant là le plus ancien lecteur de *La Croix*, pour la première fois sans son journal depuis près d'un siècle.

Ya tut

10 mars 2022

Depuis le début de la guerre, je suis envahi de sensiblerie. La guerre, c'est bien sûr cette omniprésente guerre d'Ukraine, à trois mille kilomètres de chez moi mais qui semble avoir lieu dans l'appartement d'à côté derrière la cloison de Placo, tant on en parle, tant on y pense, tant on en reçoit de nouvelles et d'images ; et sensiblerie, le terme est un peu moqueur, parce que je ne sais pas quoi en faire. Ça m'envahit, ça vient d'en bas, ça monte et je sens des larmes qui veulent jaillir, et dans ma gorge un sanglot que je dois repousser. Cela arrivait très rarement, et maintenant cela m'arrive tous les jours, à tous les reportages sur la guerre d'Ukraine. Le soir je dis : « Allons voir ce que les Russes ont cassé aujourd'hui », et nous nous installons devant la télévision. Et quand je vois les gens, je suis envahi. Quand je vois Volodymyr Zelensky, je suis envahi. Quand je vois le courage de ces gens, j'ai les yeux humides et un spasme dans la gorge, je ne peux même pas le dire tout haut parce que ma voix se briserait. Je suis sensible d'une façon excessive, délirante peut-être à ce qui se passe. Je suis ému aux larmes à voir de loin le courage des Ukrainiens. C'est très slave, très soviétique aussi, très émouvant, ces gens dont la Grande Guerre patriotique a constitué un socle culturel plus ou moins conscient, ces gens qui font ce qui doit être fait, sans larmes ni regrets. C'est ce que montre Svetlana Alexievitch dans *La Supplication*, elle décrit les hommes montant dans les camions vers Tchernobyl, à la fois forcés et volontaires, c'est difficile à comprendre pour nous, il faudrait remonter à 1914. Il y a un romantisme slave et soviétique qui mène les gens à avancer d'un pas tranquille vers la mort. Je rêve peut-être, je fantasme sans doute, mais je le dis : depuis deux semaines je suis envahi de sensiblerie. Ça a commencé avec Volodymyr Zelensky, filmé en selfie la nuit dans Kyiv, un bâtiment à colonnades derrière lui qui devait valoir comme preuve de sa présence dans la ville, il se filmait avec quatre ou cinq types et il disait : je suis là, le Premier ministre est là, le ministre de la Défense est là, *ya tut*, disait-il, et toutes ses phrases se terminaient par ce *tut* sonore qui signifie sans doute *être là*, et cela rythmait son discours comme des rimes, il affirmait ne pas s'être enfui, il affirmait être resté, être là pour que quelqu'un incarne l'Ukraine et qu'elle se défende. *Ya tut*, je suis là, c'est simple et ça sonne bien, ça dit la résolution en deux mots, c'est un Spartiate aux Thermopyles, ça mériterait d'entrer dans le panthéon des mots héroïques. C'est depuis ce jour-là que j'ai perdu mon étanchéité intérieure, et comme un sous-marin dont les portes fermeraient mal je suis envahi, mes compartiments étanches se remplissent d'eau salée, que m'arrive-t-il ? Je ne sais pas, alors j'appelle ça sensiblerie, d'avoir les larmes qui montent alors que je suis devant mon écran, sur un canapé, et d'avoir l'impression d'être touché plus profond alors que je n'y suis pas, trois mille kilomètres quand même. Moi qui savais assez bien tout mettre à distance, par la rationalité ou l'ironie, eh bien, mes défenses sont en panne sans que je sache pourquoi, je suis envahi tous les soirs. Quand je regarde sur les réseaux sociaux, je vois bien que tout le monde s'en défend, en mettant en doute les infos, en questionnant l'impeccabilité morale des Ukrainiens, en rappelant le Donbass, en s'indignant du deux poids deux mesures avec les réfugiés syriens ou africains, on se défend de l'émotion, on s'arcboute, on bétonne. Mais je n'ai rien à prouver, rien à argumenter, rien à réfléchir, je suis envahi par ce simple *ya tut*, deux mots qui sonnent, c'est tout. On pourrait ironiser sur la fausse rime qui me vient ; peu importe, on peut tout dire, je suis simplement envahi. Et si Volodymyr Zelensky était tué, par un missile ou par les commandos tchétchènes qui rôdent pour ça, par les brutes sanguinaires de Wagner qui rôdent pour ça, et si on lui faisait un enterrement à la Siegfried dans les ruines de Kyiv, les sanglots n'auraient plus de barrières, plus de limites, je pleurerais toutes les larmes de mon corps, bêtement devant l'écran, à l'heure du journal télévisé. Pourvu que ça n'ait pas lieu, pourvu que le courage de ces gens-là puisse sauver leur cause perdue. Pour la première fois je suis touché au ventre par le journal télévisé, j'ai dû perdre malencontreusement une pièce d'armure. Je suis envahi de sensiblerie, je ne peux dire que ça, je l'assume sans vouloir m'en défendre.

Le rebond annuel

18 mars 2022

Bon, il n'y a pas que la guerre dans la vie, il y a aussi la vie. Et depuis que j'ai quitté la banlieue nord (parisienne s'entend car il n'est de banlieue comme un pays en soi que parisienne), pour une petite ville de Gironde, j'y voue une attention peut-être démesurée. Jamais printemps ne fut autant attendu, ses progrès autant suivis de jour en jour, avec un peu d'impatience d'ailleurs, jamais ses manifestations ne furent admirées avec autant d'enthousiasme et de photographies ; comme si ça ne se reproduisait pas chaque année, tout ça. Mais chaque année ça me fait la même chose. Et comme derrière la maison il y a un petit jardin, je peux me livrer sans frein à cette maniaquerie heureuse : regarder pousser l'herbe et admirer la résolution des bourgeons. Parce qu'il en faut de la résolution et aussi de la puissance pour se déployer. J'ai eu un peu peur pour le figuier, celui qui est entrelacé avec le lilas au coin de la clôture. Le lilas, élancé, semblait tout faire avec légèreté, il s'était mis en feuilles en une nuit sans effort apparent, ses branches bien droites tendues vers le ciel, il fait ça, pousser, avec une indifférence de dandy, il est aérien et n'a d'autre but que de se rapprocher du ciel. Le figuier trapu est plus renfrogné, voire buté. J'allais le voir, il ne laissait rien paraître, et puis le jour où il plut du sable, maculant les vitres et la table du dehors d'une poussière orange, il se décida, il éclôt. Les écailles de ses bourgeons, lisses et brillants comme les pièces d'une armure de bronze, se fendirent et une branche miniature et tendre, toute repliée sur elle-même, en sortit, ployée par l'effort qu'elle fournissait pour s'épanouir. Pendant ce temps le lilas, hautain, avait posé sur le ciel redevenu bleu des ébauches de fleurs, disposées en grappes, déjà violettes. Le tout petit groseillier que nous avions planté un mois auparavant, pas plus de quinze centimètres au garrot, fit péter six verticilles de feuilles finement dentelées, pas plus grosses que l'ongle. Si j'ose dire péter, c'est que j'y ai vu un feu d'artifice, cinq fusées lentes et vertes éclatant à ras de terre, dans son ciel encore modeste de petit buisson. Je rêve d'une poignée de groseilles nageant dans du lait, mais ce sera sans doute au petit déjeuner de juin 2025. Du côté de la ligne d'oignons les nouvelles sont moins bonnes, les graines semées ne bougent pas, elles ont dû se perdre, pousser à l'envers et prendre la mauvaise direction, même si je sais de source sûre que ce n'est pas possible, les racines savent où est le fond, les tiges savent où est le ciel, tout est précisément orienté, elles n'ont alors pas dû germer, pas encore. Là, c'est la perspective de la piperade que j'envisageais avec ces longs oignons doux qui s'éloigne. Mais peut-être suis-je trop impatient. Le romarin, lui, fleurit. Il y en a un peu partout car nous avons lu quelque part qu'il écarte les moustiques, nous en avons planté tout autour comme on allume des cierges, comme on suspend aux portes des tresses d'ail pour éviter la visite nocturne des vampires, et si ça ne marche pas, eh bien, on le mangera. Le jasmin a repris sa progression. Le jardin est modeste, il est séparé de celui du voisin par un grillage à poules, mais le jasmin en a déjà englouti la moitié. L'extrémité de ses lianes se redresse, cela fait un peu peur, ce sont des tentacules qui tâtonnent autour d'eux, qui continuent leur progression le long du grillage qu'ils finiront par transformer en une haie continue. Ils se sont emparés de la branche d'un arbuste qui les surplombait, peut-être le feront-ils ployer, ils viennent également de coloniser le fil à linge, mais poliment je les décrocherai et les réorienterai vers leur mission première, la haie ; et au fur et à mesure de l'avancée de ces tentacules, des groupes de feuilles y éclosent pour ravitailler leur mégalomaniaque conquête du monde. Le mimosa géant, lui, a terminé sa mission, il a fracassé l'hiver de sa boule d'un jaune intense, un brusque éclat solaire qui eut dans la grisaille l'intensité d'une explosion atomique, et maintenant ses petites boules jaunes jonchent le sol, picorées par des palombes dont je me demande ce qu'elles y trouvent. Le cerisier a daigné verdir ses bourgeons qui tous l'hiver étaient restés de ce bronze rougeâtre qui semble être leur couleur de sommeil, cela annonce sûrement quelque chose, tout ça n'est pas fini. Je veille. Il est quand même judicieux que Pâques ait lieu en ces temps de poussée de vie et de renouvellement des feuilles, c'est vraiment de saison.

Le gang des marchands d'oranges

31 mars 2022

Je ne sais plus où j'ai lu cette remarque mais elle m'avait paru drôle : un Américain qui débarque au matin à Charles-de-Gaulle doit se dire qu'il s'est trompé d'avion puisqu'il fait ses premiers pas dans un pays visiblement africain : tout le monde est noir. Employés de sécurité, de contrôle, d'accueil, de ménage, ceux qui vous dirigent, vous fouillent, contrôlent vos billets, vous servent un café ou nettoient les toilettes : tous noirs. Il ferait demi-tour pour remonter dans l'avion, et un agent de sécurité colossal, noir, l'en empêcherait, lui indiquant la bonne direction, *this way, sir*, avec un accent français très reconnaissable.

« Mais où suis-je ? — En France, monsieur. »

Et il ne serait pas au bout de ses surprises : dans les musées de la Ville de Paris, qu'il visiterait sans doute puisqu'il est américain, les gardiens lui sembleraient tous venir de Pondichéry ; et s'il montait à Belleville, ce qu'il ne ferait peut-être pas puisqu'il est américain, il verrait que les boutiques de fruits et légumes sont partagées en deux gangs rivaux : d'un côté les Chinois, terme générique, aux agrumes rangés au carré, ça peut inquiéter, et de l'autre les Maghrébins, que je suppute tunisiens mais sans garantie aucune, dont l'étal est présenté selon le principe de la profusion orientale. Et un peu plus loin, dans la banlieue où l'Américain n'irait sans doute pas puisqu'il est américain, les bars PMU sur des avenues trop larges sont tenus par des Chinois impassibles, qui miment les propos de comptoir avec des chibanis dopés à l'expresso serré, qui jouent aux courses comme on le faisait il y a cinquante ans. « Alors quoi, la France... — Mais oui, la France. — Mais ce n'est plus la France. — Et si, grand pays d'immigration depuis des siècles... »

De ces exemples qui sont des anecdotes amusantes, on pourrait en déduire le Grand Remplacement qui irrigue le discours de qui vous savez, dont l'initiale orne les chars et les camions qui se ruent sur l'Ukraine. Comme par hasard...

Mais soyons raisonnables, personne ne peut voir un pays globalement en regardant seulement autour de soi, il y faut de la science, des méthodes, des mesures. Hervé Le Bras, démographe de profession, vient d'écrire un petit livre dont le titre est : *Il n'y a pas de grand remplacement*. Le propos est tout entier dans le titre, les pages qui suivent servent à l'argumenter avec précision.

Il y fait l'histoire de la notion, qui plonge ses racines dans la France post-1870, où l'on croyait à la confrontation finale avec la vigoureuse natalité allemande, qui ne ferait qu'une bouchée de notre pays de vieux. Il fait aussi l'historique de ce « plan secret des élites », concocté aux Nations unies, qui prévoit (impose) que la France reçoive huit cent mille immigrés par an de 2020 à 2040, complot révélé par le chouan organisateur d'un spectacle d'histoire alternative. Il y eut bien un rapport en 2000 produit par la Division de la population de l'ONU, important centre de recherche démographique, où il était question de remplacement mais au sens démographique du terme : le taux de remplacement est le taux de fécondité nécessaire au maintien de la population, c'est-à-dire compenser les décès par les naissances et donc les migrations. Il n'est pas question de submersion migratoire, mais de maintien d'un équilibre entre actifs et retraités dans nos pays à la natalité trop faible. Cette étude n'avait aucun pouvoir contraignant, ni même de recommandation, c'était de la recherche fondamentale.

Alors voir là un plan secret des élites pour imposer un Grand Remplacement, c'est-à-dire le remplacement d'un peuple par un autre, soit c'est n'en pas connaître l'origine, soit ne pas l'avoir comprise, ou bien encore savoir, avoir compris, et en faire une interprétation biaisée, je me demande quelle hypothèse est la pire. Mais les théoriciens, thuriféraires et propagateurs du Grand Remplacement se moquent bien des chiffres, ils parlent de sentiment. Renaud Camus, auquel on prête la diffusion de cette notion, en a écrit des livres de son château du Gers. Dans le deuxième volume, pages 28 et 55, il écrit : « Non, non, non, je ne travaille pas avec des scientifiques, des statisticiens, des ethnologues, je ne travaille pas du tout même. Car le remplacement ne relève en aucune façon de la preuve et moins encore des chiffres. »

Je ne vais pas débiter des chiffres, ils sont tous dans le livre d'Hervé Le Bras, et sa conclusion est dans son titre. En gros, ce Grand Remplacement, malgré une étude serrée des marchands de primeurs du 20ᵉ arrondissement de Paris, on en est loin.

La boîte à trolls

29 avril 2022

Savez-vous ce qu'est un troll? Rassurez-vous, personne ne le sait vraiment. Ce n'est pas le genre d'être qui se laisse voir, ni que l'on décrit après l'avoir rencontré, ceux qui les ont vus ne sont plus là pour le raconter. Ce que l'on en sait, c'est heureusement par ouï-dire : ils sont puissants, méchants, liés à la nature des choses.

Parce que c'est bien dans la nature des choses que d'être puissantes, indifférentes à l'homme et donc apparemment méchantes. La première mention en est faite dans un poème rédigé en islandais médiéval. Il y est mentionné que le dieu Thor est allé à l'est pour combattre les trolls. C'est tout, c'est loin au point de ne pas les distinguer clairement, c'est à combattre. Dans l'œuvre de Tolkien, ils sont grands, laids et stupides, protégés d'une peau épaisse qui se transforme en pierre sous les rayons du soleil. Ils vivent dans les cavernes, tuent et dévorent ceux qu'ils croisent : hommes, hobbit, nains ou elfes, selon l'occasion. Actuellement ils vivent sur Internet, donc loin, sans que l'on sache leur apparence ni leur visage, et ils détruisent. Un troll d'Internet c'est cette chose, cet être, cette personne qui vient polluer les échanges, publiant des commentaires agressifs, transmettant les bobards, faisant de la haine sous toutes ses formes sa langue naturelle, contre n'importe qui, sur n'importe quoi. Un troll peut être sauvage et solitaire, par jouissance mauvaise de la transgression, par désinhibition devant l'écran, par joie de taper sur le clavier des grossièretés tout seul dans sa chambre, compensant par la violence du verbe la froideur de verre de la communication par écran ; ou bien ils peuvent chasser en bande, dans la joie de harceler une victime, soit le pauvre type du collège que l'on adore maltraiter ou bien un acteur en vue du débat public dont on déteste les idées. Le troll peut même être domestiqué, employé dans des usines à trolls, où contre rémunération ils font en bande ce qu'un ado acnéique fait seul dans sa chambre.

Et pourquoi est-il si méchant ? Parce que ! La méchanceté n'a pas de raison, l'homme est ambivalent, il a une puissante part obscure avide de destruction. À charge pour la civilisation de maintenir tout ça au fond de la boîte. Mais seul devant un écran, sous pseudonyme, avec un accès au monde entier, la tentation est grande d'ouvrir discrètement la boîte, et tout dire, sans plus de contrôle, sans le visage de l'autre pour calmer le déversement des pulsions noires qui normalement se murmurent et ici se hurlent. C'est un mécanisme psychique, dont l'ampleur dépend de la solidité de l'empathie, de la solidité du vernis civilisationnel, donc de pas grand-chose.

Alors, quand Elon Musk, l'homme le plus riche du monde (j'avais fait une chronique sur l'autre, Bezos, mais leurs places respectives dépendent des fluctuations boursières), quand ce milliardaire à l'étrange visage de bébé grandi achète Twitter pour une quarantaine de milliards de dollars, et quand il déclare vouloir en faire un lieu de liberté d'expression, un lieu de libre parole en le débarrassant des régulations qui selon lui l'entravent, eh bien je m'inquiète. Est-ce naïvement sincère de sa part, ou bien est-ce cynique, d'en appeler ainsi à ce principe cher aux Américains, celui de la liberté de parole. Mais quand ce premier amendement à la constitution fut adopté en 1791, interdisant que l'on puisse établir une loi limitant *the freedom of speech*, eh bien cette liberté consistait à l'époque à monter sur une estrade et à s'adresser aux gens devant soi, ou bien imprimer quelques centaines de libelles distribués ou affichés dans la rue. Cela n'allait pas loin, on savait qui parlait, et cela s'exprimait devant un public physiquement présent. On n'en est plus là : n'importe qui, anonyme, peut inonder de n'importe quoi la planète entière ou au moins les centaines de millions d'abonnés de Twitter dans le monde. Le troll, c'est ça : la mauvaise part de l'état des choses. Si le naïf discours de Zuckerberg, fondateur de Facebook, répète avec candeur que davantage de connexions permettent de mieux se parler et d'apaiser les violences, la réalité nous montre que davantage de connexions permettent aussi de transmettre plus d'agressions et de mensonges, dont ceux des trolls, cette pulsion destructrice de toute communication. Débrider Twitter comme l'annonce Elon Musk, c'est ouvrir la boîte, libérer la bête, lâcher sur des centaines de millions de Smartphone agressions, violences, fausses nouvelles ; quelques mots d'amour aussi, pas tant. La communication humaine dérégulée engendre naturellement des trolls.

Thrombose à Schiphol

7 mai 2022

Le chaos règne à Schiphol, dans la si ordonnée province de Hollande. C'est l'aéroport d'Amsterdam, le plus gros du pays, où les lignes européennes se croisent pour rebondir partout dans le monde. Des files d'attente sans fin se constituent, on recommande de venir quatre heures à l'avance, la police coupe les routes d'accès de ce goulet d'étranglement. La cause ? Le trafic aérien reprend, les Hollandais privés de sortie se ruent vers les avions qui les emmèneront ailleurs, loin du plat pays aux routes orthogonales qui à force les déprime. Et le personnel d'aéroport n'y suffit plus car vigiles et bagagistes en contrat précaire avaient été licenciés massivement pendant le confinement. Maintenant que les voyageurs reviennent, il n'y a pas assez de monde pour traiter le flux, c'est le chaos, les vols sont annulés à la chaîne. L'aéroport temporise, allez, patience, ça va aller, faites seulement bien la queue. Alors les personnels débordés se lancent dans « une grève à la française » écrivent des journaux, c'est-à-dire spontanée, sans encadrement syndical, et sans négociation préalable. Y en a marre, ils débraient et bloquent les lignes aériennes, ils réclament pour continuer de travailler des embauches suffisantes et des contrats corrects.

Si je ne peux retenir un sourire français devant le naufrage de ce petit pays si ordonné, si pragmatique, et si calme, ce qui me trouble dans cette histoire c'est le rebond des activités aériennes. Les gens veulent voyager au point de provoquer un énorme embouteillage au sol : la transition écologique est mal en point. J'ai déjà dit du mal du transport aérien comme gros contributeur à l'augmentation du taux de CO_2 dans l'atmosphère, on me l'a assez reproché par courrier des lecteurs, trouvant que j'étais limite un khmer vert. Je vais tout de même encore en dire un peu, du mal, mais cette fois sur les aéroports. Parce que j'ai horreur des aéroports, dont je dois avouer que je les fréquente parfois. Mais je vous assure, monsieur le juge, c'est pour des raisons strictement professionnelles, cette machine du diable m'emmène là où un train ne m'emmènerait pas à temps ; et puis l'homme est tissé de contradictions.

Je n'aime pas les aéroports parce que, regardez bien : ils sont la parfaite figure de l'enfer contemporain. Et je ne parle pas de celui d'Amsterdam engorgé : non, un grand aéroport est par principe la réalisation d'un enfer aseptisé et doucement autoritaire. C'est un lieu clos, sans extérieur, un pur intérieur labyrinthique, c'est posé nulle part comme une station spatiale, ou bien comme un cauchemar dont on ne trouve jamais la sortie. On y est guidé, canalisé, contrôlé ; on y est trié automatiquement par les droits d'accès que l'on a achetés, tri automatique par classe sociale comme sont triées les patates après récolte.

Dans le grand aéroport, on ne fait qu'attendre, obéir aux consignes et arpenter d'interminables couloirs éclairés d'une lumière qui ne bouge pas, la même de jour comme de nuit, qui d'ailleurs n'existent plus. On marche, sans cesse, en une foule indifférente à elle-même car chacun préoccupé seulement de son horaire et de sa porte d'embarquement, l'un trop juste et l'autre trop loin, courant d'un air affolé comme un Lièvre de mars en marmonnant : « Oh, là, là ! Oh, là, là, je vais être en retard ! », et on longe des boutiques de luxe, d'innombrables boutiques de luxe, le chemin passe parfois même entre les rayons chargés de produits de luxe, comme si on avait été brusquement téléporté dans le fantasme consumériste total, dont on n'arrive plus à sortir.

L'aéroport est un lieu où l'espace est aboli, où l'homme qui entre ici perd toute espérance, et n'a d'autres actions possibles que de consommer et d'obéir. On n'y est plus nulle part, on n'est plus personne, et des voix métalliques passent leur temps à nous aiguillonner, à nous avertir, à nous interdire. Le pire de la condition contemporaine est là : obéir à des règles sécuritaires pointilleuses, se faire fouiller et scanner, aller seulement où l'on a le droit d'aller et n'avoir comme perspective que d'acheter des produits qui brillent.

Et enfin on a le droit d'entrer dans l'avion, on est rangés dans la carlingue comme des Pringles, ces chips toutes pareilles rangées ventre contre dos dans un tube en carton, et arrive ce moment gracieux où cessent brusquement le vacarme des roues et le tremblement de ferraille, moment accompagné d'un sentiment de légèreté intérieure où les viscères flottent : on vole. Et les milliers de Hollandais coincés dans Schiphol attendent ça, ce moment-là, comme une libération.

Le musée des canons

20 mai 2022

Mon expérience de la Russie est réduite : trois ou quatre jours où j'avais été invité à Saint-Pétersbourg pour la semaine de la francophonie, par le consul de Suisse. Ce n'est pas tout à fait une entourloupe puisque je suis très officiellement à moitié suisse, mais ça m'a valu quelques malentendus réjouissants, comme cette dame d'un âge, absolument francophone, qui vint me voir après une rencontre dans une bibliothèque : « Vous parlez merveilleusement le français ! Où donc l'avez-vous appris ? — Mais en France, madame. — Ah ? Je croyais que vous étiez suisse... — Les deux, madame, les deux. » Je ne m'étendis pas, monsieur le consul me regardait avec un sourire en coin, se mordant les joues pour ne pas rire. Parce que le fond de l'affaire était là : nous nous connaissions d'avant, et faute d'écrivain suisse voulant venir, il s'était tourné vers le demi-Suisse qui voulait bien.

Je me suis promené dans Saint-Pétersbourg, la ville est fascinante par son site extraordinaire, ses couches d'histoire et sa lumière nordique. C'était en mars et il neigea. Je voulais aller voir les canaux, le consul prévenant me prêta une chapka et de grosses moufles. La couche de neige ne faisait que trois centimètres mais c'était dimanche matin, elle était intacte, c'était assez pour me croire dans *Le Docteur Jivago*. Sur le chemin je passai devant les portes ouvertes du musée de l'Artillerie. Je continuai, j'hésitai, puis fis demi-tour; j'entrai. Jamais plus sans doute je ne reviendrais là, et puis la guerre, c'est un peu mon sujet. Dans une grande cour étaient exposés des canons, aussi nombreux que des voitures sur le parking de Carrefour. Tous étaient d'un vert un peu gris, celui du bronze ou de la peinture militaire. Il y avait de tout, des bombardes, des canons avec des roues à rayon, des obusiers à tubes longs, des orgues de Staline, des missiles. Le demi-siècle de 1940 à 1990 était bien représenté, l'artillerie soviétique était créative, et devant tous ces tubes dressés sous la neige qui faisait taïga, je me suis formulé cette conclusion définitive sur le monde soviétique : « Ils ont passé leur temps à faire ça... des canons. »

Je poursuivis ma promenade, je suis allé voir des icônes, et j'oubliai. Ça m'est revenu ces jours-ci en voyant le stock inépuisable de trucs et de machins dont se sert l'armée russe. Elle puise à pleines mains dans les réserves qu'avait constituées l'URSS, et les déverse sur l'Ukraine. Pas besoin que ce soit de la haute technologie tant que ça explose, puisqu'il faut détruire, raser, éviter la sanglante conquête des villes en détruisant les villes.

Ils en ont, du stock. Les Américains aussi, mais ça ne les a pas empêchés de fabriquer aussi des savonnettes, des grosses voitures et des ordinateurs, les Soviétiques moins. Orwell avait noté ça dans *1984* : la grandiose obsession militaire et les conditions matérielles misérables de la vie civile, où tout est défectueux. Sur l'Ukraine tombent des obus comme s'il en pleuvait, et il en pleut, deux mille missiles depuis deux mois selon les Ukrainiens, et vu l'état de décombres des quartiers d'habitation on peut les croire.

Et puis aussi des nouveautés : des munitions à fragmentation qui saturent une zone d'un essaim d'éclats tranchants, et des obus incendiaires qui éclatent en feux d'artifice, produisent des gerbes orange qui descendent au sol, où restent des braises de thermite dont la température de combustion est d'environ 2500°, impossible à stopper, traversant les corps comme une fine couche de beurre, perçant le béton et l'acier. Ces projectiles sont interdits, mais les règles sont suspendues en Ukraine.

Paul Tellié, l'ingénieur général de l'armement qui avait mis au point le Famas dans les années soixante-dix, avait paraît-il refusé de construire un lance-flammes, trouvant l'arme ignoble. On peut se demander qui met au point les bombes inhumaines qui tombent sur Marioupol. Qui a pensé ces objets qui détruisent les corps avec tant de cruauté ? Peut-être existe-t-il une usine secrète comme dans *Le Premier Cercle* de Soljenitsyne, quelque part dans les anciennes installations pénitentiaires qui couvrent la Russie, un laboratoire dans des forêts gelées huit mois par an où l'on recrute des fous sadiques que l'on maintient enchaînés et qui produisent les plans d'armes inimaginables, qui font parfois vomir les ingénieurs qui consultent régulièrement leur production.

Ou bien sont-ce des ingénieurs normaux, qui les dessinent comme ils dessineraient une cafetière, car l'esprit humain est capable de tout le mal possible, et de tout l'aveuglement possible. Hélas.

Les figues de la colère

3 juin 2022

Il est dans les Évangiles un passage qui me trouble, dont la brutalité détonne dans un texte qui est radical en bien des domaines mais jamais ne pousse à la violence. Il ne s'agit pas de l'épisode des marchands du Temple, ils l'ont bien cherché, me dis-je avec un peu de mauvaise foi, mais surtout il existe un très beau sermon de Maître Eckhart qui en explique la teneur spirituelle. Si le Temple est une figuration de l'âme, qui est consubstantielle à Dieu, il convient de le débarrasser de ce qui gêne pour une parfaite écoute de ce qui se murmure là, rien de moins que la parole de Dieu, pas celle écrite, celle vivante. Alors dehors, les marchands ! qui vendent toutes sortes de choses même très jolies, des tourterelles par exemple, charmantes et douces mais dont le roucoulement toutes ensemble fait un sacré vacarme. Ça mérite bien quelques coups de corde distribués à la ronde.

Mais ce n'est pas de ça que je voulais parler, je me suis laissé emporter. Le passage qui me trouble, que je ne comprends pas vraiment, est connu sous le nom de miracle du figuier, il figure dans Marc et dans Matthieu, à peu près sous la même forme. Jésus a faim, sa part humaine a ses exigences, il voit un figuier, s'approche, et ne lui trouve que des feuilles car ce n'est pas la saison des fruits. Déçu, il le maudit : « Que jamais aucun fruit ne naisse de toi ! » Et le pauvre arbre sèche jusqu'aux racines. Les disciples sont éberlués de voir les feuilles se recroqueviller et tomber devant leur maître fulminant. Pierre, celui qui demande toujours, demanda : « Mais, Maître, comment tu fais ça ? — Ayez foi en Dieu. — C'est tout ? — Si vous aviez la foi et ne doutiez pas, vous feriez la même chose. Et vous pourriez vous adresser à une montagne en lui disant : ôte-toi de là et jette-toi dans la mer, et elle le ferait. Ce que vous demandez avec foi par la prière sera accompli, vous le recevrez. » Et ils continuèrent leur route, laissant au bord du chemin l'échafaud de bois mort tendant ses branches nues vers le ciel. Je ne crois pas qu'ils aient essayé avec une montagne, en tout cas cela n'a pas été rapporté.

Ce qui me trouble, c'est la déception, et la colère impulsive d'un homme d'habitude animé d'une immense miséricorde, et puis sa réaction meurtrière immédiate, alors qu'il est bien dit que ce n'est pas la saison des fruits. Ce qui me trouble, c'est que personne ne se préoccupe de l'arbre, on en fait un simple exemple de la puissance de la prière. L'exégèse voit dans le figuier l'image du Temple, qui contient la Vieille Loi et qui ne donnera aucun fruit à ceux qui ont faim. Mais personne ne pense au figuier séché d'un coup jusqu'aux racines. Le malheureux. Sans doute que l'Évangile ne considère l'arbre que comme un décor, que l'on peut renverser d'un coup de pied pour une démonstration, et puis passer à autre chose, en laissant derrière soi le fagot inutile.

Mais depuis que j'en ai dans mon jardin, je suis sensible au figuier. J'en ai deux, un gros comme un 4 × 4 chargé de figues, un petit qui m'arrive à l'épaule, presque sans branches, son tronc qui a le diamètre d'un manche de râteau étant tout ce qu'il a comme bois. À l'automne il ne portait aucune feuille, et à l'emplacement des bourgeons je ne distinguais rien. Je fus tenté de le couper, d'en arracher la souche et de le remplacer par un autre. Et puis je me dis qu'un arbre a une vie longue, et qu'il est bon sans doute de lui laisser un peu de temps, pour ne pas tuer une étincelle de vie que je ne verrais pas. C'est mon côté Idéfix, qui hurle à la mort quand Obélix, fâché, d'un coup de pied rageur déracine un chêne. Je le laissai. Au printemps le gros s'épanouit et le petit resta rachitique et nu. Encore un petit peu de temps, me dis-je, il est peut-être lent, et le printemps n'est pas fini. Et les feuilles apparurent. Seule une petite branche restait sèche, je pensais la couper, mais plus tard. Et sur elle apparurent de toutes petites feuilles contrefaites mais d'un vert tendre. J'ai bien fait d'attendre, me dis-je. C'est pas comme d'autres...

Ciel! Quel culot! Me voilà morigénant Notre Seigneur... ça sent le fagot. Mais sans doute que l'Évangile, ce texte si humain à l'usage des hommes, ne différencie pas un arbre d'une montagne, l'un et l'autre ne bougent jamais de là où ils sont établis, ils sont tous deux inanimés, donc sans âme. Et peut-être que l'anecdote a un sens caché : le trouble qu'elle fait ressentir à sa lecture enseigne par l'expérience les effets dévastateurs de la colère impulsive.

Mon deuxième figuier va bien, il est petit mais vert et droit.

Radicalité du séparatisme

10 juin 2022

J'ai été invité à parler à la radio. Rien de plus simple, mais nous étions en Belgique où rien n'est simple. Le grand immeuble brutaliste de la radio belge se voit de loin par-dessus les toits de Bruxelles, c'est une barre des années soixante, un parfait parallélépipède rectangle posé sur la tranche, agrémenté d'une tour, un gros pilier qui soutient une soucoupe volante équipée d'antennes et de paraboles. Sur les murs, des sigles énormes peints sur de grandes bannières disent ce que c'est dans les deux langues du royaume.

On rappelle qu'à la radio on parle, et que la Belgique utilise pour cela deux langues qui ne s'entendent pas, car rien n'est simple. D'un côté du bâtiment, la RTBF où j'étais invité, de l'autre la VRT, Vlaamse Radio-en Televisieomroeporganisatie selon cette manie flamande de tout compliquer. On reconnaîtra l'ironie française, je m'en excuse.

En 1977, le pays se fédéralise en plusieurs communautés linguistiques, et l'immeuble d'où l'on parle est partagé. La VRT a gardé la bonne entrée, celle dessinée par l'architecte d'origine, avec une belle perspective et des pelouses taillées ; pour entrer dans la partie francophone il faut passer par-derrière, sur des trottoirs un peu cabossés, entre des buissons ébouriffés, par un petit chemin zigzagant qui mène à un poste de garde. Là on me contrôle, on m'interroge, je fournis ma pièce d'identité et en échange on me donne une photocopie de format carte postale où est schématisé le plan du bâtiment, et une flèche stabilotée : « Vous allez au bout du bâtiment, à la porte vous tapez le code, vous ouvrez et vous vous présentez à l'accueil. »

J'y vais. Je longe le bâtiment, je vais jusqu'à la porte, je tape le code, rien. Je tape encore, rien. Je vérifie le plan, c'est bien ça, je retape, rien. Au rez-de-chaussée, je vois trois types qui travaillent, je toque à la fenêtre et ils relèvent ensemble la tête, ils me regardent fixement, je sens comme un froncement de sourcils, comme une hostilité. Je montre le papier. « Je crois que je suis un peu perdu... », dis-je avec mon air le plus civil. Alors l'un se lève et sans sourire ni bonjour, dans un anglais rocailleux, me fait comprendre que ce n'est pas là. Des Flamands, me dis-je. Ils parlent sûrement français aussi bien que moi mais ils ne veulent pas. « Où ? » D'un geste excédé il m'indique un peu plus loin, et revient à son travail, ils me tournent tous le dos.

Perplexe, je regarde le petit plan. C'était pourtant là, le bout. Et soudain j'aperçois que sur l'un des côtés du rectangle sont dessinés deux petits traits qui ébauchent comme une suite. Je reviens sur mes pas, je trouve une autre porte, je tape le code, elle s'ouvre. On m'avait dit le bout du bâtiment, mais on voulait dire le bout du bâtiment francophone, soit la moitié de l'immeuble. Il avait été si bien partagé que la partie flamande n'était même plus représentée. Elle n'existait pas.

D'un côté du hall d'accueil un jeune vigile en costume, une fesse sur un bureau, laissait passer le temps avec une patience de vigile, j'avais l'impression qu'il ne gardait pas grand-chose ; de l'autre côté, derrière une banque d'accueil bien nette, verre et bois blond, trois personnes tapaient sur leur ordinateur, leur visage impassible éclairé en bleu. Je m'approche. « Je suis invité... » Sans même me regarder, celui à qui je m'étais adressé me coupe de son anglais rugueux, me désigne le vigile : « *Go there!* », et continue de taper.

Penaud, je traverse le hall, le vigile souriant m'indique une porte en contreplaqué que j'avais prise pour une porte de service. « Ça n'a pas l'air mais c'est par là. » Il y avait d'un côté l'accueil flamand, de l'autre le francophone, chacun correspondant jusqu'à la caricature à leur cliché national.

La porte dérobée une fois franchie, j'étais enfin dans une vraie maison de la radio, avec logos colorés, lumières rouges, *open space* et journalistes s'activant dans tous les sens. À la personne qui m'accueillit je fis part de mes légers déboires, cela la fit rire. À l'étage, elle me montra une porte blindée qui interrompait brusquement le couloir en son milieu. « De l'autre côté, c'est la Flandre. Quand on a partagé le bâtiment, à chaque étage on a coupé le couloir qui allait d'un bout à l'autre. On ne passe plus, on ne sait même plus qui travaille derrière ces portes. Et à l'accueil, on a eu droit à une porte latérale, ils ont gardé le guichet. »

Je fis l'émission, et je repartis vers la France. Et je me disais que si les revendications identitaires mènent à des situations ridicules, elles ferment aussi très hermétiquement les portes.

La grande crise de la moutarde

28 juin 2022

Maintenant j'ai un jardin, on le saura, ce n'est pas faute de l'avoir écrit et répété dans ces colonnes où l'on m'accueille. Alors j'ai acquis un barbecue, le premier de ma vie, mais ici ça a l'air indispensable, les supermarchés disposent tous d'un rayon entier qui leur est consacré, vers l'entrée, et les week-ends où il fait beau ça sent la braise et la viande qui grille dans les rues de ma petite ville.

J'ai l'intention de cuire à la braise, comme le faisait mon père, des côtelettes de porc badigeonnées de moutarde, parsemées de feuilles de sauge, il était d'une parfaite incompétence en cuisine, sauf ça. Il se mettait torse nu, il passait dans sa ceinture un torchon en guise de tablier, et en plein soleil allumait le feu, papier journal, petits bois, bois moyen, dans un cercle de pierres noircies sur lesquelles il posait la grille chargée de ses côtelettes de porc à la moutarde. Mon père était absolument indifférent à la morsure du soleil, sa peau brunissait vite et le protégeait de tout. Ça sentait bon, c'est l'une des odeurs de mon enfance, et quand j'eus un jardin, je voulus la retrouver, faire comme lui sauf que j'ai un barbecue, un tablier, et que je tâche de rester à l'ombre, je n'ai pas hérité de sa peau étanche aux ultraviolets.

Mais au supermarché, patatras! entre le ketchup, la mayonnaise et les cornichons, un trou. Sur quatre rayons et un mètre de large, le vide. Dans l'abondance sans cesse réassortie de la grande distribution, un trou se voit comme une dent qui manque, c'est inquiétant comme le ravin qui longe une route de montagne qui serpente. Un avis imprimé sur une feuille A4 signalait une rupture d'approvisionnement de moutarde, et « nos équipes font tout pour chercher de nouveaux fournisseurs », décoré d'un petit pot de moutarde pour faire joli, pour faire passer la pénurie avec le sourire. Et le lendemain, pareil. Plusieurs jours ensuite, la même chose. Ailleurs, pas mieux. Il fallut me rendre à l'évidence, il y avait une crise de la moutarde.

Y a-t-il de l'huile de tournesol dans la moutarde? Parce que déjà le rayon huiles est sinistré, l'Ukraine en était le premier producteur mondial, les champs grillent sous les bombes. Sous le rayon vide on lit la même affichette affirmant que le personnel se décarcasse pour en trouver. Mais non, ce n'est pas parce que c'est jaune qu'il y en a, la moutarde ce sont des graines de moutarde et du verjus, quelques aromates si nécessaire, rien de plus. Mais alors, pourquoi la crise? La France, dont la moutarde est un emblème de la cuisine, ne produit qu'un tiers de ses besoins, le reste on l'achète au Canada, où s'étendent d'immenses champs de moutarde dans les mornes plaines du Saskatchewan; je ne suis pas sûr que ça soit bien là mais je suis ravi d'écrire pour la première fois de ma vie ce beau nom de Saskatchewan. L'été dernier l'Ouest canadien a été écrasé d'un dôme de chaleur qui a fait monter les températures jusqu'à 50°, tout grillait, brûlait, et la récolte est passée des 170 000 tonnes habituelles à 70 000, y en a pas eu pour tout le monde. C'est à comparer aux 12 000 tonnes produites en France. Pourquoi ne pas en chercher ailleurs ? Le deuxième producteur est la Russie, infréquentable, et le troisième l'Ukraine, dévastée. Alors des petites graines au goût piquant, on en manque sur toute la planète.

C'est qu'elle se déglingue, la planète. Jusqu'à il y a quelques mois tout fonctionnait plus ou moins, en tout cas on ne s'apercevait de rien dans nos jardins et nos supermarchés. Et là brusquement tout valdingue, le papier, l'essence, le gaz, l'huile de tournesol et puis maintenant la moutarde, atteinte par la crise climatique et la crise géopolitique. Plus moyen de vivre comme avant, plus moyen de reconstituer le parfum des côtelettes de porc à la moutarde que faisait tranquillement griller mon père, penché sur son cercle de pierres. Plus moyen de poursuivre notre bonhomme de chemin dans une heureuse abondance, celle dans laquelle nous avons grandi, celle dans laquelle nous vivions, celle qui maintenant marque le pas devant les crises politiques, sociales et climatiques qui dévastent notre monde. Ce n'est pas grand-chose la moutarde, mais on n'aurait jamais cru en manquer ; considérer cette petite graine, c'est mettre le doigt sur ce qui ne va pas et dont on était jusque-là protégés. Je crois que je vais me tourner vers les sardines, au grand dam de mes voisins. Et j'apprends à l'instant que la Méditerranée n'en produit plus que de toutes petites. Qu'est-ce que je disais...

Savoir finir

8 juillet 2022

L'expression « mettre de l'huile sur le feu » semble avoir été inventée pour décrire les agissements de Donald Trump en cette folle journée du 6 janvier 2021. Ce jour-là il haranguait une foule de ses partisans dans un parc de Washington pendant que les « fiers garçons » attaquaient le Capitole sous ses encouragements. Une vaste clique hétéroclite de furieux en tous genres, qui dans un grand élan d'émotion populaire (comme on appelait les émeutes en ancien français) voulaient la peau des élites, des démocrates, des républicains un peu trop légalistes. « Les élections ont été volées au peuple américain par des fraudes massives ! » éructait-il, les élections lui ont été volées, à lui, seul capable de faire « redevenir l'Amérique grande », et il faut que le peuple reprenne le pouvoir, et le lui redonne à lui, Donald Trump. Ces propos transmis en direct enflammaient les émeutiers, qui cassaient les vitres, dévastaient les bureaux, traquaient les représentants de la nation en criant : « Pendez Pence ! », le nom du président du Sénat qui avait refusé d'invalider les élections malgré les demandes de Trump. Les fraudes ? Il n'y en avait pas trace. Ce n'était que *rectification des faits* par ce grand éructateur, et Pence avait choisi de préserver la démocratie et ses règles, plutôt que les intérêts de son président, maintenant en roue libre. Grâces lui soient rendues, et on le traquait dans les couloirs du Capitole pour le pendre.

Ces dernières semaines la commission d'enquête de la Chambre des représentants a recueilli une série de témoignages quant aux détails de cette journée. La question était de discerner, sur le flot de tweets et de faits alternatifs en permanence répétés et contredits, si Trump avait jeté de l'huile sur le feu au point de pouvoir être assimilé au commanditaire de cet assaut. Malgré ses dénégations (jamais il n'avoue avoir dit ce qu'il a dit, tout en le répétant) le contenu de son discours est sidérant. Les enregistrements sont là. Il appelle à être fort, à marcher sur le Capitole, il appelle à *fight like Hell*, car jamais on ne reprendra le pays avec faiblesse, et il reproche à Pence de ne pas montrer au peuple un ensemble de *faits rectifiés*.

Et puis il embarque dans *The Beast*, la limousine présidentielle surblindée bourrée d'agents du *Secret Service* et demande qu'on l'emmène au Capitole. « Ils ont des armes... — Je m'en fous s'ils ont des armes. Ils ne sont pas là pour me faire du mal... — Ce n'est pas sécurisé, monsieur. — *I'm the fucking president!* hurle-t-il, emmenez-moi au Capitole! » Se penchant sur le chauffeur, il attrape le volant, le chef du service de protection lui saisit le poignet pour lui faire lâcher prise. « On ne peut pas faire ça, monsieur. Nous retournons à la Maison Blanche. » Éructant de colère, Trump aurait essayé de saisir son garde du corps à la gorge, mais l'escorte parvint à le maîtriser, il n'alla pas au Capitole.

Ce sont ces deux mains, l'une qui saisit le volant, et l'autre qui se pose sur le poignet, qui me font raconter cette histoire. La première est une main d'enfant, un enfant démesurément grandi qui ne supporte aucune opposition, aucune limite, un enfant qui hurle, trépigne et cherche la bagarre. On ne peut que louer le sang-froid poli du *Secret Service* qui joue jusqu'au bout son rôle constitutionnel : protéger la personne du président, mais d'abord protéger la fonction présidentielle, même contre la personne du président. Voilà un homme qui ne veut pas céder la place, c'est courant, mais cet homme a une puissance financière, politique et médiatique telle qu'une colère de sa part peut faire vaciller une puissance mondiale. Heureusement les institutions ont tenu, heureusement il en est qui ne confondent pas leur personne et leur fonction ; lui confond tout, c'est une méthode.

Si je raconte cette histoire c'est aussi parce que c'est ma dernière chronique. Trois ans déjà, toutes les semaines : ça en fait des petits récits. Trois ans, c'est ce que *La Croix* dans sa grande sagesse estime être la durée d'exercice d'un chroniqueur, parce qu'il faut varier les plumes, et éviter la sclérose du chroniqueur. Je trouve ça tout à fait raisonnable. J'arrête donc, je laisse place en septembre à un chroniqueur frais, et je vous salue avec affection, vous qui m'avez lu, m'avez écrit, qui avez parfois protesté, et m'avez souvent apprécié. Je remercie mon chat, personnage récurrent qui a bien voulu jouer dans plusieurs récits, et contrairement à Trump, je me félicite des règles qui permettent une succession sans heurt.

Au revoir à tous, j'ai beaucoup aimé d'ainsi vous parler.

Œuvres d'Alexis Jenni (suite)

Aux Éditions Paulsen

LE PASSEPORT DE MONSIEUR NANSEN : UNE VIE DE FRIDTJOF NANSEN, 2022.

J'AURAIS PU DEVENIR MILLIONNAIRE, J'AI CHOISI D'ÊTRE VAGABOND : UNE VIE DE JOHN MUIR, 2020.

Aux P.U.F.

LE MONDE AU XXIIe SIÈCLE : UTOPIE POUR APRÈS-DEMAIN, 2014.

Aux Éditions Actes Sud

ENSEMBLE, POUR MIEUX SE NOURRIR, 2021.

PARMI LES ARBRES, ESSAI DE VIE COMMUNE, 2021.

Composition : PCA
Achevé d'imprimer
sur Roto-Page
par l'Imprimerie Floch
à Mayenne, en septembre 2023.
Dépôt légal : septembre 2023.
Numéro d'imprimeur : 103318.

ISBN 978-2-07-302575-3 / Imprimé en France.

597954